ORIENTAÇÃO PROFISSIONAL EM AÇÃO

CIP-BRASIL. CATALOGAÇÃO NA PUBLICAÇÃO
SINDICATO NACIONAL DOS EDITORES DE LIVROS, RJ

078
v. 2

Orientação profissional em ação : formação e prática de orientadores, volume 2 / organização Marilu Diez Lisboa , Dulce Helena Penna Soares. - São Paulo : Summus, 2018.
272 p.

Apêndice
Inclui bibliografia
ISBN 978-85-323-1111-5

1. Orientação profissional. 2. Interesse profissional. I. Lisboa, Marilu Diez. II. Soares, Dulce Helena Penna.

18-51011 CDD: 158.6
CDU: 159.9:331.548

Meri Gleice Rodrigues de Souza - Bibliotecária CRB-7/6439

www.summus.com.br

ORIENTAÇÃO PROFISSIONAL EM AÇÃO

FORMAÇÃO E PRÁTICA DE ORIENTADORES

VOLUME 2

MARILU DIEZ LISBOA
DULCE HELENA PENNA SOARES (ORGS.)

summus editorial

ORIENTAÇÃO PROFISSIONAL EM AÇÃO
Formação e prática de orientadores
Volume 2

Editora executiva: **Soraia Bini Cury**
Assistente editorial: **Michelle Campos**
Projeto gráfico e diagramação: **Crayon Editorial**
Capa: **Alberto Mateus**
Impressão: **Sumago Gráfica Editorial**

Summus Editorial
Departamento editorial
Rua Itapicuru, 613 – 7º andar
05006-000 – São Paulo – SP
Fone: (11) 3872-3322
Fax: (11) 3872-7476
Http://www.summus.com.br
E-mail: summus@summus.com.br

Atendimento ao consumidor
Summus Editorial
Fone: (11) 3865-9890

Vendas por atacado
Fone: (11) 3873-8638
Fax: (11) 3872-7476
E-mail: vendas@summus.com.br

Impresso no Brasil

SUMÁRIO

APRESENTAÇÃO

OS CAPÍTULOS APRESENTADOS neste volume da coleção *Orientação Profissional em Ação — Formação e prática de orientadores* têm origem em estudos e experiências das autoras organizadoras e, também, de orientadores profissionais brasileiros convidados, que trazem contribuições substantivas a essa área do conhecimento. Todos os capítulos trazem em comum o que vem sendo discutido nos últimos 22 anos de existência do Curso de Formação em Orientação Profissional e de Carreira — *A facilitação da escolha*, realizado pelo Instituto do Ser — Orientação Profissional e de Carreira. Os convites para compor esta obra se originaram das reflexões e discussões propostas no referido curso e do acompanhamento de estudos e experiências relevantes de colegas.

O livro, inicialmente proposto como a terceira edição revista do título lançado pela Summus em 2000, passou a ser pensado de modo ampliado, visto o número de produções relevantes advindas do curso de formação supracitado. A coleção foi então assumida com a mesma denominação da obra inicial: *Orientação profissional em ação — Formação e prática de orientadores*, título que expressa exatamente o que nós, organizadoras, temos vivido como estudiosas, pesquisadoras, orientadoras profissionais e professoras dessa área do conhecimento e observado ao longo da formação dos estudantes.

Nosso propósito foi e continua sendo contribuir efetivamente com a evolução desta que tem se confirmado uma necessidade cada dia mais urgente: a solidificação da orientação profissional no Brasil. Vivemos um universo de complexidades que atingem jovens e adultos em todos os âmbitos de sua existência. O concernente ao trabalho não foge à regra, e justamente aí reside nossa responsabilidade de promover reflexões e escolhas assertivas e significativas para as pessoas em relação ao exercício profissional.

O CAPÍTULO 1 elucida as diferentes abordagens da orientação profissional e de carreira (OPC), que se fazem necessárias e importantes nos contextos educacional, organizacional e clínico. Discute a integração do trabalho do psicólogo com outros profissionais e aborda práticas já existentes, uma vez que a OPC se configura como um processo que se utiliza de teorias, métodos e técnicas para além dos testes psicológicos.

O CAPÍTULO 2 discute as práticas em orientação profissional, de carreira e para a aposentadoria. Observa-se o crescimento da demanda de intervenções, gerado tanto pela procura em diferentes faixas etárias como pelas possibilidades de escolha que as transformações ocorridas na esfera ocupacional têm apresentado. As autoras explicam a necessidade de diferenciar os modos de intervenção e as técnicas, os procedimentos e os recursos utilizados nessa área do conhecimento.

O CAPÍTULO 3 relata uma pesquisa com concluintes do nono ano de uma escola da rede municipal situada no interior de Santa Catarina. O objetivo é despertar olhares para a orientação quanto às escolhas profissionais, à construção de projetos de vida e às decisões referentes ao futuro profissional. A proposta foi composta por trabalhos sobre aspectos objetivos, como informações e palestras sobre profissões, e por abordagens facilitadoras da apropriação de si, que trabalharam especificamente o autoconhecimento — uma vez que se considera que as escolhas profissionais envolvem fatores pessoais, sociais e culturais dos indivíduos.

NO CAPÍTULO 4 as autoras relatam uma investigação sobre o envolvimento e o comprometimento de professores do terceiro ano do ensino médio no processo de escolha profissional de seus alunos, em duas escolas particulares e uma da rede pública de ensino, em Florianópolis. De cunho qualitativo, o estudo levantou três categorias: o papel do professor na escolha profissional dos alunos; a compreensão do professor sobre a escolha profissional dos alunos; o que os professores pesquisados entendem por orientação profissional (OP). Os resultados trazem à luz a importância da figura do professor como facilitador das reflexões e informações sobre a escolha profissional do jovem, bem como a necessidade expressa de uma formação específica desses profissionais para que sejam mais bem aproveitados como orientadores no cotidiano de seu desempenho profissional.

O CAPÍTULO 5 trabalha a profissionalização da juventude brasileira no turbulento mundo do trabalho atual, discutindo o papel da orientação profissional destinada à primeira escolha e à reorientação profissional. Além disso, discute as possibilidades de escolha dos jovens menos favorecidos economicamente, uma vez que elas se restringem devido à necessidade destes de trabalhar enquanto estudam para suprir o próprio sustento — e, em inúmeros casos, também o da família.

NO CAPÍTULO 6 a discussão está centrada nos inúmeros jovens brasileiros que se inserem precocemente no mundo do trabalho em razão de necessidades econômicas. Uma vez que o trabalho concorre com a escola, muitos acabam por abandoná-la. Dentro dessa realidade, a autora traz alternativas de qualificação e formação de jovens e, também, de experiências com a orientação profissional.

NO CAPÍTULO 7 são discutidas as relações de trabalho no chamado capitalismo flexível no Brasil e no mundo. Abordam-se as consequências dessa nova era na vida do profissional e a posição exigida dos trabalhadores diante das demandas próprias da chamada terceira Revolução Industrial. A autora analisa, ainda, como, diante dessa realidade, o trabalho com orientação profissional e de carreira (OPC) pode se desenrolar, levando à reflexão sobre o papel do orientador profissional em relação a esse contexto que cada vez mais se firma no mundo do trabalho.

O CAPÍTULO 8 apresenta uma prática de orientação profissional voltada para adultos em pleno desenvolvimento de suas atividades. O autor busca compreender as percepções dos orientandos sobre o emprego e o trabalho nos dias atuais, por meio do processo que denominou "Plano B", que visa contribuir com a construção de alternativas de autogestão da carreira, por meio do entendimento do momento presente e da análise das possibilidades que se apresentam para o profissional, com o objetivo de subsidiar a tomada de decisão.

O CAPÍTULO 9 versa sobre os aspectos psicossociológicos da fase de vida da aposentadoria. São considerados os múltiplos fatores que fazem parte do estar aposentado(a), dos materiais aos emocionais. Trata, igualmente, do papel da orientação profissional nesse momento de decisões substantivas que determinarão os caminhos por vezes sonhados e, por outras, inquietações quanto ao papel pessoal e até profissional do indivíduo na maturidade.

O CAPÍTULO 10 trabalha uma nova proposta que pode ser integrada nos processos e discussões sobre a orientação profissional e de carreira (OPC) no que se refere às relações das pessoas com as finanças. Essa discussão passa por fatores objetivos e por aqueles ligados à subjetividade de cada indivíduo, dependendo de seus valores — leia-se, o que lhe foi ensinado pela via da herança familiar no que tange a conceitos, modos de vida, sentidos e significados transmitidos pela família e pelo meio social ao qual pertence. Justifica-se a inserção do Programa de Orientação Financeira (Profin) nos processos de OPC, pois ele ajuda a compreender a gestão econômica tal como acontece no cotidiano.

POR FIM, O apêndice apresentado ao final deste volume traz um relato histórico e uma exposição mais detalhada sobre a trajetória que trouxe a motivação e o empenho para a criação e o desenvolvimento do Curso de Formação em Orientação Profissional e de Carreira – *A facilitação da escolha*, até o presente momento.

MARILU DIEZ LISBOA E
DULCE HELENA PENNA SOARES

PARTE 1

ABORDAGENS E MODOS DE INTERVENÇÃO EM ORIENTAÇÃO PROFISSIONAL

AS DIFERENTES ABORDAGENS EM ORIENTAÇÃO PROFISSIONAL

DULCE HELENA PENNA SOARES
MARILU DIEZ LISBOA

01

A ORIENTAÇÃO PROFISSIONAL e de carreira (OPC) tem sido realizada com base em diferentes referenciais teóricos, relativos a diferentes linhas da psicologia. Apresentamos na primeira edição do livro *Orientação profissional em ação* (Lisboa e Soares, 2000) as diferentes abordagens praticadas em nome da OPC, sendo elas educacional, clínica e organizacional. Realizada tanto de forma individual como em grupos, cada uma delas tem características próprias e apoia-se em teorias e métodos distintos. Na linha preconizada em nosso trabalho, todas têm em comum o fato de refletirem sobre a relação homem-trabalho, seja na escolha dos estudos a seguir, nos conflitos surgidos no desempenho do papel profissional ou, ainda, no que diz respeito à reorientação (ReO) ou ao planejamento de carreira (PC).

O presente capítulo objetiva atualizar o publicado anteriormente, a fim de auxiliar os orientadores profissionais a perceber as diferentes possibilidades de inserção da OPC em seus diferentes âmbitos.

As primeiras questões a ser colocadas são: a que abordagens nos referimos? A orientação profissional (OP) no Brasil constitui um campo do conhecimento com um referencial teórico e metodológico já estabelecido? Essas perguntas procuraram ser respondidas pela primeira vez na dissertação de mestrado de Soares (1985), quanto à possibilidade de inclusão da orientação profissional nas diferentes áreas da psicologia. Quando o livro *O jovem e a escolha profissional* (1985) foi escrito, o trabalho com orientação profissional, então denominado vocacional, era realizado por meio de testes.

Em algumas universidades do Sul e do Sudeste tinha início um movimento pela orientação vocacional, então denominada "abordagem clínica", com a introdução dos estudos de Rodolfo Bohoslavsky (1991).

Na ocasião, as autoras já consideravam esse novo enfoque, insistindo na nomenclatura *orientação profissional* (OP) com o objetivo de refletir sobre a relação do homem com o trabalho, incluindo aí a escolha de um curso superior que levaria ao ingresso no mundo do trabalho e daria base à trajetória dos indivíduos ao longo da vida profissional.

Segundo o Conselho Federal de Psicologia, a orientação vocacional é uma atividade exclusiva do psicólogo porque supõe a aplicação de testes psicológicos. A abordagem clínica da orientação profissional, assim denominada na obra de Bohoslavsky (1991), é também exclusiva dos psicólogos — pois, mesmo indo além da utilização de testes, traz a compreensão do indivíduo com base na psicanálise, podendo ser considerada uma terapia breve focal (Fiorini, 2004). Nesse caso, é um processo centrado na escolha propriamente dita e em todos os fatores relacionados com ela.

No entanto, legitimada pela Associação Internacional de Orientação Escolar e Profissional (IAEVG/Aiosp[1]), a OP se constitui como uma intervenção multidisciplinar, em que profissionais de outras áreas são bem recebidos, pois são preparados para desempenhar determinado papel. Além disso, outros conceitos, como o de *aconselhamento*, cabem nesse *modus operandi*.

Para refletir de forma ampla sobre esse tema, separamos, de forma didática, a orientação profissional em diferentes abordagens, buscando ampliar os horizontes da OPC, aqui entendida como uma intervenção dedicada à questão da escolha do fazer ao longo da vida de um indivíduo: educacional/escolar, organizacional e clínica.

A abordagem educacional/escolar em orientação profissional

Destinada a estudantes da educação básica

Ainda pequenos, somos iniciados à escolha profissional, mesmo que não tenhamos essa intenção. Por exemplo, quando se comemora o dia de algumas profissões ou se conversa e faz pesquisas, mesmo que de forma lúdica, sobre os trabalhos/profissões dos pais dos alunos nas escolas, nesse momento já está sendo mostrada a eles a existência do trabalho como uma função do homem para o homem e para a vida em sociedade. Isso se faz importante, uma vez que os valores, os estereótipos, o significado e a importância dados

1. International Association for Educational and Vocational Guidance/ Association Internationale d'Orientation Scolaire et Professionnelle (<http://iaevg.net>).

às diferentes profissões se concretizarão em outras fases do desenvolvimento vocacional — assim denominado pela ciência psicológica —, mas desde cedo farão parte do desenvolvimento da futura identidade profissional.

O objetivo da OPC dirigida ao jovem é conscientizá-lo dos inúmeros fatores que interferem na escolha da profissão. Em Soares (1985), alguns deles foram apresentados, como os políticos, econômicos, sociais, educacionais, familiares e psicológicos. Outros passaram a ser trabalhados posteriormente, mas ainda de forma incipiente, e por isso mereceriam mais investigações para ser citados aqui. Estes estão ligados a questões como gênero, minorias populacionais e pessoas com necessidades especiais, entre outras.

O jovem/adolescente está em um período de redimensionamento de sua identidade pessoal e sexual. Trata-se de um momento de muitos questionamentos, que pode ser definido como um "período de crise". Já quanto ao futuro profissional, o jovem espera realizar uma escolha perfeita, que vê como certa e única, e frequentemente pensa: "Se eu gosto de biologia, então vou fazer Medicina", "Se eu gosto de matemática e de física, então vou ser engenheiro". Porém, essa correspondência não é linear como parece, pois a escolha inclui uma série de outros fatores, como veremos no decorrer deste capítulo.

A escola é definida como o espaço onde o aluno desenvolve suas potencialidades afetivo-cognitivas e sociais. Assim, seu objetivo seria não só fornecer conhecimentos teóricos como também preparar para o trabalho, oferecendo uma formação adequada para o ingresso no mundo profissional. Entretanto, na realidade não é bem assim que acontece. Em geral, as escolas não fornecem atividades sistemáticas de informação e orientação ocupacional, embora muitas afirmem realizar um trabalho nessa área (Mandelli, Lisboa e Soares, 2011). Nessa perspectiva, a OP ainda é realizada de modo superficial e informativo, sendo fundamental e urgente um trabalho consistente que propicie aos estudantes escolhas apropriadas e bem fundamentadas.

Nas escolas públicas, a situação é ainda mais difícil quando comparada às particulares, por diversos motivos — falta de professores e/ou sobrecarga de trabalho destes, carência de estrutura material e física, greves de docentes, salários defasados e atrasados, entre muitos outros que acabam dificultando ainda mais a efetivação de um trabalho de orientação profissional que contribua com as escolhas dos jovens quanto ao seu futuro profissional (Muller, Schimidt e Soares, 2009).

A OP em escolas públicas pode começar com um trabalho de motivação e "autorização" dos jovens para a possibilidade de pensar seu futuro, seja para a prorrogação da escolaridade ou para o ingresso mais imediato no mercado. Quanto à primeira proposta, eles podem aproveitar o processo de OP para seu autoconhecimento, para tomar consciência de seu projeto de vida e profissional e das possibilidades de ingresso em cursos técnicos e no ensino superior. Hoje, é importante que conheçam as políticas públicas de incentivo à sua participação em diferentes tipos de cursos médios e superiores, dos de capacitação aos de curta duração.

Na abordagem educacional/escolar da OP, outros profissionais podem discutir as questões do mundo do trabalho e suas transformações, como professores de Sociologia, História ou Filosofia. Entretanto, o orientador profissional deve ser o responsável pela organização dessa tarefa, selecionando e convidando os professores a desempenhar em sala de aula esse papel, assim como profissionais de fora — inclusive pais de alunos — para falar sobre suas respectivas profissões. Nesses casos, o orientador profissional ajuda na preparação dessas palestras/conversas, de modo que atendam às necessidades dos alunos. O profissional deve oferecer informações essenciais referentes ao que faz, onde trabalha, em que locais, com que profissionais se relaciona, bem como abordar os aspectos positivos e negativos da profissão, os gostos e desgostos, os ganhos e as perdas. Ao chamar um profissional para ministrar uma palestra nos programas, seja de OP, OC ou orientação para a aposentadoria (OA), é fundamental definir com o palestrante os temas a ser abordados.

Já o papel do professor no processo de OPC pode ser construído e desenvolvido, sendo o orientador profissional o responsável por auxiliá-lo a compreender a importância de sua disciplina para a futura escolha dos jovens, inserindo noções sobre a prática profissional por meio da correlação entre os conteúdos ministrados e a realidade contemporânea. Ele pode utilizar exemplos da vida cotidiana relacionados com os conteúdos ministrados, além de esclarecer que profissionais precisam conhecer aquele tema em especial, entre outras abordagens ligadas ao futuro profissional dos alunos.

A OP na escola pode também ser realizada em grupos, variando de oito a dez encontros, fora do horário escolar, seguindo o planejamento já apresentado em outros livros (Soares-Lucchiari, 1993). Nessa forma de intervenção, assumida por um orientador profissional ou uma equipe formada por especialistas nessa área do conhecimento, cabe trabalhar: o autoconhecimento e o projeto de futuro dos alunos; a informação profissional; o trabalho como constituinte da identidade adulta; os sentidos e significados do trabalho; o trabalho num sistema econômico, tal como se constitui e realiza. Além disso, faz-se necessário oportunizar aos alunos: palestras ministradas por profissionais; feiras de profissões; feiras de ciências; visitas a empresas e/ou locais de trabalho; visitas a escolas técnicas e universidades. As feiras de profissões se realizam cada vez com mais frequência nas escolas e universidades, tendo como objetivo informar e sensibilizar os alunos para a busca de conhecimento sobre as profissões e os cursos oferecidos em seu contexto.

A orientação para os pais de alunos em fase de escolha profissional é muito importante e pode ser realizada por meio de palestras ou oficinas de vivências grupais, visando inseri-los no processo de escolha dos filhos e, também, auxiliá-los a participar desse momento especial da vida deles. Cabe debater com os pais as dificuldades atuais de fazer uma escolha num mundo com tantas mudanças e tão diferente daquele no qual eles se definiram profissionalmente. A escola pode, também, convidar os pais a realizar palestras sobre suas profissões, seu trabalho e sobre como realizaram escolhas na vida profissional. Esse tipo de atividade gera orgulho nos estudantes e favorece a aproximação entre pais, filhos e escola.

Projetos diferenciados também se apresentam, com base em iniciativas de orientadores profissionais, em nome de instituições de ensino e pesquisa, como o Programa de Orientação Profissional Intensivo (Popi) (Soares, Oliveira Neto e Mahl, 2005). Trata-se de um *workshop* de OP, com encontros realizados em um final de semana, com carga horária concentrada, incluindo de modo parcial os familiares no processo. Essa proposta está baseada nos estudos e na prática realizados no Laboratório de Informação e Orientação Profissional (Liop) (Soares, 2010), da Universidade Federal de Santa Catarina (UFSC). O processo de OP nesse laboratório, quando da criação do Popi, era estruturado para ser realizado em oito encontros de aproximadamente duas horas cada, em grupos de 12 pessoas, um coordenador e um observador participante. O projeto Popi visa à realização desse processo de modo intensivo, efetivando as etapas que normalmente levariam dois meses e contando com um número maior de participantes (50 alunos, divididos em quatro grupos de partilha).

O Popi foi criado com o objetivo principal de trabalhar o tema da escolha profissional num tempo hábil para a inscrição no vestibular quando os estudantes não cuidaram de sua escolha em um período prévio. Um diferencial da proposta é o fato de isolar o jovem das influências externas e realizar com este um trabalho de imersão. A metodologia é dividida em cinco módulos, compostos pelos seguintes temas: apresentação; sobre a adolescência; autoconhecimento; realidade ocupacional (RO) e escolha vocacional/profissional. As temáticas do processo de OP são realizadas por meio de técnicas vivenciais. Utilizam-se jogos, exercícios específicos de OP e técnicas de *role-playing*, que levam o jovem a situar-se no papel profissional e a refletir sobre suas escolhas. O encerramento é realizado com a participação dos pais. Estes têm acesso aos resultados por meio de dramatizações, cartazes e músicas exibidos pelos estudantes. Pode-se observar, quando da realização do Popi, uma maior integração dos jovens com os objetivos do trabalho, bem como um aproveitamento de sua energia psíquica, concentrada no tema da escolha profissional. Sempre que avaliado, o Popi foi percebido como um processo válido e importante como modalidade de OP, tanto pelos estudantes como por seus pais e equipes técnicas, merecendo ser replicado sempre que houver disponibilidade por parte das escolas.

Em direção ao público de jovens estudantes, iniciativas utilizando a arte cênica têm sido adotadas, com textos produzidos muitas vezes pelos próprios alunos e supervisionados pelo professor. Tais textos descrevem sua situação e angústia diante da escolha profissional, com suas questões, dificuldades e dilemas. Essa forma de ação visa oportunizar uma reflexão sobre o tema, sensibilizando o jovem para um trabalho mais aprofundado de OP.

A ansiedade diante das provas e dos exames também deve ser trabalhada com os jovens na escola. Nesse caso, são abordados temas como métodos de estudo, como enfrentar provas como vestibular e Enem e como diminuir a ansiedade em momentos de estresse (Soares e D'Ávila, 2003; Soares, D'Ávila e Pimentel, 2005). Essa abordagem é denominada orientação ao vestibulando.

Um dos trabalhos de orientação ao vestibulando (Soares, D'Ávila e Pimentel, 2005), denominado "A cena da prova", foi avaliado por uma pesquisa realizada na UFSC, com bolsa Pibic. Nessa proposta discutem-se temas diversos, de como o jovem se sente em relação à seleção para a universidade a seus medos e ansiedades. Depois das discussões sobre esse momento, realiza-se a avaliação do processo. Esses encontros permitem aos jovens perceber os motivos de seus anseios, tornando-os mais conscientes e confiantes para enfrentar as provas.

Além do programa citado, a OP tem sido realizada em cursos pré-vestibulares (Soares *et al.*, 2007a), trabalhando os seguintes temas: a) apresentação da estrutura das diferentes universidades, informando sobre cursos, currículos e vestibulares; b) facilitação do processo de escolha do curso para o jovem e sua família, por meio de reuniões grupais; c) ansiedade dos jovens e de seus pais diante do exame vestibular; d) orientação de pais e professores para que compreendam melhor esse complexo momento da vida dos jovens.

Destinada a estudantes do ensino superior

A OPC pode ser realizada em universidades, sobretudo nos programas de apoio aos calouros (PAC), que têm por objetivo facilitar o processo de ingresso do jovem na vida universitária apresentando seu sistema de funcionamento, créditos, disciplinas, bolsas de estudo e de pesquisa, estágios, áreas de atuação profissional etc. Também se discute a influência da família e do grupo social, incluindo aí a escola, na escolha profissional. Além disso, aprofunda-se o tema dos interesses pessoais e profissionais dos estudantes.

Outros trabalhos importantes realizados nas universidades são a reorientação de carreira (ReO) e o planejamento de carreira (PC). Na ReO as demandas mais frequentes são trabalhar a possível necessidade de troca e/ou confirmação do curso superior e buscar cursos de pós-graduação. Já o PC requer: a) orientação para o desenvolvimento de competências e habilidades; b) orientação para a satisfação pessoal e o sucesso na carreira (interna *versus* externa); c) orientação para a recolocação e/ou aposentadoria; d) orientação para a capacitação, por meio da realização de cursos profissionalizantes, especializações, mestrados, entre outros.

Ambas têm como objetivos: a) refletir sobre as novas configurações do mundo do trabalho e as influências e exigências na vida pessoal e profissional do trabalhador; b) identificar valores, interesses, habilidades e prioridades individuais; c) desenvolver a missão e as metas profissionais com base na realidade pessoal e profissional; d) planejar um esquema integrado de ações e providências para atingir a missão e as metas profissionais.

A ReO e o PC muitas vezes se confundem. A ReO parte de uma insatisfação em relação às questões profissionais, implicando dúvidas sobre as escolhas anteriores e a busca de uma nova carreira, diferente da anterior. Nesse caso, existem dificuldades em outras esferas da vida e a necessidade de maior conhecimento de si mesmo, o que a ReO pode contemplar (Krawulski *et al.*, 2000).

O PC também parte de uma insatisfação em relação à vida profissional, porém implica a busca de desenvolvimento pessoal e profissional. Geralmente as pessoas procuram a capacitação para melhorar sua empregabilidade e atender às demandas do mercado.

Um PC se transforma numa ReO quando o indivíduo percebe que deve mudar o rumo de sua trajetória fazendo uma nova escolha. Outras vezes, um processo de ReO pode levar o orientando a buscar mais qualificação em sua área e não necessariamente à mudança de área ou até mesmo de profissão.

Concluindo este tópico sobre a abordagem educacional/escolar, vale a pena salientar que várias outras modalidades de orientação profissional podem ser propostas, dependendo da necessidade da organização na qual o psicólogo está inserido, bem como da população com a qual o trabalho vai ser realizado. Outrossim, não se deve esquecer de que, partindo de uma concepção de multidisciplinaridade, outros profissionais que não psicólogos têm um papel tão ou mais importante como orientadores profissionais no âmbito da educação, desde que preparados para que, segundo suas competências e seu vínculo profissional com os alunos, desempenhem esse papel em seu cotidiano de trabalho. Aqui cabem professores, coordenadores e diretores de escolas, além dos pedagogos que ocupam postos na hierarquia das instituições de ensino, da educação infantil ao ensino médio.

A abordagem organizacional da orientação profissional

A abordagem organizacional em geral acontece em empresas e instituições, por solicitação destas ou como proposta de trabalho dos profissionais da área de gestão e desenvolvimento de pessoas. O público-alvo das ações de OPC são os jovens e adultos inseridos no mundo do trabalho. Seu foco se situa na educação para o trabalho — a ReO, o PC e a orientação para a aposentadoria (OA).

Soares *et al.* (2007b) apresentam a inserção do orientador profissional nas empresas francesas e questionam a possibilidade dessa entrada nas organizações brasileiras, apresentando alguns exemplos e argumentações: o desenvolvimento de atividades em OPC nas empresas francesas abriu caminho para novas modalidades de exercício de uma profissão, com uma história, uma tradição e uma cultura mais ligadas à educação, embora ainda não adotadas com ênfase como prestação de serviço significativa no mundo corporativo. Para uma melhor definição de projetos profissionais, foram necessários a criação e o desenvolvimento da função de "conselheiro interno em OPC", assegurando o acompanhamento dos empregados na procura de novos itinerários e na ajuda para a elaboração de seus projetos, a fim de responder a uma demanda social crescente.

A OPC tem sido desenvolvida nas universidades com o objetivo de preparar os futuros profissionais para o ingresso no mercado de trabalho. O programa de orientação de carreira (OC) para universitários geralmente é realizado com formandos (Soares e Ito, 2008) e os orienta para o ingresso no mercado de trabalho por meio de estágios. São abordados temas como: elaboração do currículo profissional; como se apresentar em entrevistas de seleção para vaga de trabalho; a participação em dinâmicas de grupo em processos seletivos; como procurar um posto de trabalho.

Com o objetivo de atingir um número expressivo de estudantes, foi criada, na Universidade Federal de Santa Catarina (UFSC), a disciplina Orientação e Planejamento de Carreira (Dias e Soares, 2009), oferecida a todos os cursos de graduação, como crédito optativo, aos estudantes dos dois últimos anos do curso superior. A proposta era trabalhar os pilares a ser identificados nos encontros de OC, sendo eles: 1) o autoconhecimento e sua importância no planejamento profissional, com a identificação de valores, interesses, habilidades e prioridades; 2) a informação profissional e o mundo do trabalho: como elaborar o *curriculum vitae*, a carta de apresentação, o portfólio, a construção e o desenvolvimento do *networking*, inclusive por meio das redes sociais, o conhecimento do mercado de trabalho e das práticas de recrutamento e a seleção; 3) a orientação e o planejamento de carreira, ensinando como elaborar o próprio plano de carreira para os próximos anos.

A OC é realizada com estudantes universitários e profissionais recém-formados ou que já atuam no mercado de trabalho e desejam mudar de área, subir na carreira ou buscar reorientação. Os principais temas abordados nos encontros são: a identidade profissional, perfil e competências, afirmação ou não da primeira escolha, as diferentes formas de inserção profissional, a possibilidade da capacitação contínua e o lugar e a influência da família no projeto de futuro profissional do jovem (Dias e Soares, 2012a).

Esse trabalho, realizado em universidades, traz ainda alguns temas específicos desse contexto: a reorientação universitária por meio da análise da possibilidade de trocar de curso dentro da mesma instituição; a orientação para a opção de área profissional quando da realização de estágios; o PC propriamente dito; e a preparação para o exercício da profissão e a entrada no mundo do trabalho (Dias e Soares, 2012b).

O planejamento de carreira tem como objetivos: a) orientação para o desenvolvimento de competências e habilidades para a busca de novos cargos e ocupações; 2) orientação para a capacitação, por meio da realização de cursos profissionalizantes e de pós-graduação; 3) orientação para a recolocação profissional e/ou na aposentadoria (Veriguine *et al.*, 2010).

Ainda nas organizações de trabalho, a orientação para a aposentadoria (OA) (Soares *et al.*, 2007c) tem ocupado um lugar de destaque na atuação de orientadores profissionais (Antunes, Soares e Silva, 2015). Ela é realizada com profissionais em fase de pré e pós-aposentadoria, geralmente em instituições públicas e privadas, mas também em sindicatos (Soares, Luna e Lima, 2010), associações de profissionais, empregados e funcionários, fundos de previdência e centros comunitários.

O Programa de Orientação para a Aposentadoria (AO) foi criado e nomeado de Aposent-Ação — aposentadoria para ação —, a fim de trabalhar as questões relativas à saída do mundo do trabalho (Soares e Costa, 2011). Tem por objetivo: 1) mostrar aos participantes a importância do planejamento para essa etapa, abordando temas relevantes para a melhor organização pessoal e familiar; 2) desenvolver atividades grupais com pessoas próximas da data de saída da vida profissional, com o intuito de prevenir os diversos problemas advindos da retirada não planejada do trabalho; 3) orientar os funcionários para a construção de um projeto de vida satisfatório, a fim de que, ao assumir novas atividades, estas sejam baseadas em escolhas verdadeiras; 4) proporcionar a discussão sobre essa nova fase da vida, refletindo sobre a nova dinâmica familiar; 5) elaborar um projeto de futuro para o período pós-carreira, integrando aspectos do passado vivenciado na empresa, as condições e possibilidades do presente e as expectativas para o futuro.

Alguns temas desenvolvidos nos encontros são: 1) aposentadoria para a ação; 2) sentidos e significados do trabalho; 3) saúde física e mental e qualidade de vida na maturidade; 4) relacionamento familiar e retorno ao lar: as relações com a família, os filhos e os netos; 5) relações sociais, os amigos e a comunidade; 6) planejamento do tempo livre, viver o ócio e novas atividades; 7) aspectos econômicos e orientação financeira; 8) novas formas de inserção de diferentes ocupações na vida cotidiana; 9) trajetória profissional e projeto de futuro: elaboração de um plano com objetivos e metas de curto, médio e longo prazo. A metodologia dessa proposta está descrita em Soares e Costa (2011).

Outro trabalho também realizado segundo a abordagem organizacional é o Programa de Orientação Financeira (Profin) (Pedroso, Veriguine e Soares, 2009), que pretende promover reflexões e auxiliar na tomada de decisões sobre os aspectos que dizem respeito às finanças pessoais de maneira mais autônoma e consciente. Esse trabalho envolve uma escuta psicológica e o uso de técnicas e instrumentos voltados para os temas planejar, gastar, poupar e investir. Tem como objetivos: a) trabalhar a relação com o dinheiro, levando em conta a história de vida e familiar; 2) estimular a reflexão sobre os fatores que afetam as decisões relacionadas ao dinheiro; 3) dar subsídios para a construção de um planejamento financeiro básico, levando em conta as questões psicológicas da relação com o dinheiro.

A abordagem clínica em orientação profissional

A abordagem clínica em orientação profissional costuma ser realizada em consultórios e clínicas de psicologia, tendo como base diferentes referenciais teóricos dessa área do conhecimento e podendo ser realizada de forma individual ou grupal. Aplica-se a diferentes públicos, como: o jovem vestibulando que procura escolher a profissão antes do ingresso no ensino superior, definindo o curso a seguir nessa direção; o universitário que, no decorrer do curso, entra em crise e precisa compreender sua situação; os jovens recém-formados que sentem necessidade de uma orientação para o ingresso no mundo do trabalho; as situações de redirecionamento em meio à carreira e na fase da aposentadoria, como preparação para essa nova etapa da vida.

Rodolfo Bohoslavsky (1991) conceitua a psicologia clínica como uma estratégia de abordagem que pode ser aplicada para conhecer, investigar, compreender e modificar o comportamento dos seres humanos, tanto no âmbito psicossocial (individual) como no sociodinâmico (grupal), institucional ou comunitário. Seus principais aspectos são:

1. Identidade ocupacional, respondendo às seguintes questões: com quê? Quando? Onde? Como? À maneira de quem?
2. Identidade vocacional, que responde às questões do *vocare*: por quê? Para quê?
3. Os ideais: ideal de ego e ego ideal.
4. As identificações com o grupo familiar.
5. As identificações sexuais.
6. A crise de identidade da adolescência.
7. O luto pelas perdas básicas da adolescência: a perda do corpo infantil, da identidade infantil e dos pais da infância.
8. Os mecanismos de defesa, entre eles a reparação e a sublimação, presentes na escolha profissional.

A abordagem clínica é exercida por psicólogos, pois estes estão preparados profissionalmente para a escuta e a compreensão do dinamismo psíquico dos indivíduos. No caso da realidade brasileira, os orientadores profissionais clínicos adotam como linha teórica aquela estudada e seguida como fundamento para seu trabalho com a psicologia clínica. Assim, estes estão capacitados a atender e aprofundar as questões dos orientandos, ajudando-os a compreender suas dificuldades em relação à escolha profissional.

Segundo Fiorini (2004), a abordagem clínica da OPC pode ser considerada uma terapia focal, em que o cliente busca trabalhar um foco — no caso, a escolha profissional e sua relação com o trabalho em si — ou uma questão que está lhe trazendo sofrimento.

Outro tema a ser aprofundado é a ansiedade diante do vestibular. No último ano, os profissionais do Instituto do Ser — Orientação Profissional e de Carreira, de Florianópolis (SC), criaram o programa EQUILIBRA — Redução e Controle de Estresse, com os seguintes objetivos: 1) propiciar momentos de reflexão sobre o autocontrole, com base na identificação de níveis de estresse/ansiedade; 2) buscar o equilíbrio emocional nessas ocasiões, a fim de aliar assertivamente os estudos teóricos à estabilidade emocional e obter melhores resultados de aprovação/sucesso em processos seletivos.

A orientação profissional na abordagem clínica objetiva trabalhar os seguintes aspectos: 1) a dinâmica familiar do orientando, como ele se relaciona com seus diferentes membros, quais são as relações privilegiadas e seus porquês; 2) as expectativas e os ideais familiares em relação ao futuro dos filhos; 3) as diferentes profissões desempenhadas pelos membros da família e a transmissão de "fazeres" (por exemplo, lojas, escritórios, empresas e consultórios que passam de pai para filho), tendo como instrumento o "genoprofissiograma" (Soares, 1985); 4) os principais modelos de identificação na família, tanto pessoais como profissionais; 5) a influência dos aspectos sociais, das condições de trabalho e das influências externas na elaboração da identidade pessoal e profissional do indivíduo.

Comentários finais

A atuação do orientador profissional e de carreira, nas diferentes áreas e com os diferentes públicos, foca a intervenção no tema da relação homem-trabalho em todas as suas dimensões — das primeiras relações da criança que convive com adultos que trabalham, passando pelos jovens/adolescentes no processo de escolha de um curso ou uma atividade profissional, até os adultos e aposentados em busca de seu verdadeiro projeto profissional.

Não objetivamos aqui abarcar integralmente todas as possibilidades de ação da OP nas chamadas abordagens educacional, organizacional e clínica; preocupamo-nos em distinguir basicamente as áreas de atuação da orientação profissional, tendo como princípio que se trata de uma área do conhecimento que se expande diante das demandas e variáveis do mundo do trabalho — considerando-se as reestruturações produtivas, as transformações tecnológicas, os *modus operandi* do trabalho e suas relações e demais fatores que se definem no âmbito das profissões em função das transformações sócio-históricas.

Assim, cabe compreender este capítulo como uma introdução às diferentes abordagens, tema que merece aprofundamentos que vêm se construindo com base em estudos e experiências ainda recentes no Brasil.

Os capítulos deste volume 2, bem como alguns que compõem o volume 1 da coleção *Orientação profissional em ação — Formação e prática de orientadores*, podem ser considerados confirmações do exercício da OP em suas diferentes abordagens, o que já demonstra os avanços advindos dos estudos e práticas propostos concretamente na área da OPC.

Também outras obras lançadas no Brasil têm demonstrado isso, assim como artigos científicos e eventos frequentes que se realizam desde a fundação da Associação Brasileira de Orientação Profissional (Abop), num esforço pelo desenvolvimento da OPC em tempos de complexidade e profundas mudanças no campo laboral, em nível mundial.

Fica o convite para que, desse início de discussão e demonstração de que é possível ampliar essa área do conhecimento, possamos, ao reconhecer as necessidades de cada área de ação — aqui descritas como abordagem —, nos aproximar ao máximo da atenção que é requerida na preparação e no exercício da profissão de orientador profissional no Brasil.

Referências

ANTUNES, M. H.; SOARES, D. H. P.; SILVA, N. "Orientação para aposentadoria nas organizações: histórico, gestão de pessoas e indicadores para uma possível associação com a gestão do conhecimento". *Perspectivas em Gestão & Conhecimento*, v. 5, 2015, p. 43-63.

BOHOSLAVSKY, R. *Orientação vocacional: a estratégia clínica*. 8. ed. São Paulo: Martins Fontes, 1991.

D'ÁVILA, G. T. *et al.* "Acesso ao ensino superior e o projeto de 'ser alguém' para vestibulandos de um cursinho popular". *Psicologia e Sociedade*, v. 23, 2011, p. 350-58.

DIAS, M. S. L.; SOARES, D. H. P. *Planejamento de carreira: uma orientação para estudantes universitários*. São Paulo: Vetor, 2009.

______. "Planejamento de carreira: uma orientação para universitários". *Psicologia Argumento*, v. 30, 2012a, p. 53-61.

______. "A escolha profissional no direcionamento da carreira dos universitários". *Psicologia: Ciência e Profissão*, v. 32, 2012b, p. 272-83.

Fiorini, H. J. *Teoria e técnica de psicoterapias*. São Paulo: Martins Fontes, 2004.

Krawulski, E. *et al*. "Reorientação profissional, orientação e o processo de escolha: notas sobre experiências vividas". *Revista de Ciências Humanas*, v. 28, Florianópolis, 2000, p. 81-100.

Lisboa, M. D.; Soares, D. H. P. (orgs.). *A orientação profissional em ação: formação e prática de orientadores*. São Paulo: Summus, 2000.

Mandelli, M. T.; Lisboa, M. D.; Soares, D. H. P. "Juventude e projeto de vida: novas perspectivas". *Orientação Profissional — Arquivos Brasileiros de Psicologia*, v. 63, 2011, p. 49-57.

Muller, T. P.; Schimidt, J.; Soares, D. H. P. "Serviço de orientação profissional do Liop/UFSC à comunidade: traçando novos caminhos". *Extensio*, v. 6, Florianópolis, 2009, p. 37-54.

Pedroso, C.; Veriguine, N. R.; Soares, D. H. P. "Orientação financeira: uma nova possibilidade de atuação para o orientador profissional". *Extensio*, v. 6, Florianópolis, 2009, p. 132-45.

Soares, D. H. P. *O jovem e a escolha profissional*. Porto Alegre: Mercado Aberto, 1985.

______. "As diferentes abordagens em orientação profissional". In: Lisboa, M. D.; Soares, D. H. P. (orgs.). *A orientação profissional em ação: formação e prática de orientadores*. São Paulo: Summus, 2000.

______. *A escolha profissional do jovem ao adulto*. 2. ed. São Paulo: Summus, 2008.

______. "Liop: uma história de carreiras". *Extensio*, edição especial 50 anos UFSC, Florianópolis, 2010, p. 136-51.

Soares, D. H. P.; Costa, A. *Aposent-Ação: aposentadoria para ação*. São Paulo: Vetor, 2011.

Soares, D. H. P.; D'Ávila, G. T. "Vestibular: fatores geradores de ansiedade na cena da prova". *Revista Brasileira de Orientação Profissional*, v. 4, n. 2, São Paulo, 2003, p. 105-16.

Soares, D. H. P.; D'Ávila, G. T.; Pimentel, R. G. "Grupos de orientação ao vestibulando: relato de alguns instrumentos utilizados na OV presencial e via internet". In: Soares, D. H. P.; Oliveira Neto, E.; Mahl, A. C. (orgs.). *Popi: Programa de Orientação Profissional Intensivo — Outra forma de fazer orientação profissional*. São Paulo: Vetor, 2005, p. 167-92.

Soares, D. H. P.; Ito, L. H. "Projeto de futuro e identidade: um estudo com estudantes formandos". *Aletheia*, v. 27, 2008, p. 65-80.

SOARES, D. H. P.; LUNA, I. N.; LIMA, M. B. F. "A arte de aposentar-se: programa de preparação para aposentadoria com policiais federais". *Estudos Interdisciplinares sobre o Envelhecimento*, v. 15, 2010, p. 293-313.

SOARES, D. H. P.; OLIVEIRA NETO, E.; MAHL, A. C. (orgs.). *Popi: Programa de Orientação Profissional Intensivo — Outra forma de fazer orientação profissional*. São Paulo: Vetor, 2005.

SOARES, D. H. P. *et al*. "Orientação profissional em contexto coletivo: uma experiência em pré-vestibular popular". *Psicologia: Ciência e Profissão*, v. 27, 2007a, p. 746-59.

SOARES, D. H. P. *et al*. "A orientação profissional nas empresas francesas e seu paralelo no Brasil: questões para o orientador profissional brasileiro". *Estudos e Pesquisas em Psicologia*, v. 7, 2007b, p. 7-27.

SOARES, D. H. P. *et al*. "Aposenta-ação: programa de preparação para aposentadoria". *Estudos Interdisciplinares sobre o Envelhecimento*, v. 13, 2007c, p. 123-34.

SOARES-LUCCHIARI, D. H. P. *Pensando e vivendo a escolha profissional*. São Paulo: Summus, 1993.

VERIGUINE, N. R. *et al*. "Da formação superior ao mercado de trabalho: percepções de alunos sobre a disciplina Orientação e Planejamento de Carreira em uma universidade federal". *Revista Electrónica de Investigación y Docencia*, v. 4, 2010, p. 79-96.

TÉCNICAS GRUPAIS E MODOS DE INTERVENÇÃO EM ORIENTAÇÃO PROFISSIONAL, DE CARREIRA E PARA A APOSENTADORIA

DULCE HELENA PENNA SOARES
EDITE KRAWULSKI

02

Introdução

As práticas em orientação profissional, de carreira e para a aposentadoria têm se expandido sobremaneira nos últimos anos, no Brasil e no exterior, no que se refere tanto às demandas para intervenção quanto à pesquisa e à produção científica.

Em que pesem significativas modificações ocorridas e/ou em curso no denominado "mundo do trabalho", enquanto a orientação profissional permanece caracterizada por intervenções direcionadas a auxiliar nos processos decisórios envolvendo a escolha de uma profissão (Bardagi e Albanaes, 2015; Lisboa, 2017), as ações de orientação de carreira enfocam o planejamento e o desenvolvimento da carreira, em contextos organizacionais ou em uma perspectiva individual (Lassance, Levenfus e Melo-Silva, 2015). A orientação para a aposentadoria, por sua vez, visa preparar trabalhadores para os processos de desligamento da vida laboral (Pazzim e Marin, 2016; Soares e Costa, 2011; Zanelli, Silva e Soares, 2010).

A demanda dessas intervenções tem crescido significativamente nos últimos anos, não apenas em volume, mas também relativamente à faixa etária que as procura. Esse crescimento está associado à grande ampliação das possibilidades de escolha, característica do atual momento, bem como às profundas e rápidas transformações na realidade ocupacional, que reforçam a necessidade de caracterizar e diferenciar tanto os modos de intervenção possíveis quanto as técnicas, os procedimentos e os recursos comumente utilizados pelos profissionais para desenvolvê-los. O conjunto de práticas nesse vasto campo de atuação, para além do trabalho clássico em orientação profissional, tem se operacionalizado por meio de dois modos de intervenção: o grupal e o individual, cada qual com suas características, possibilidades, limitações, seus recursos técnicos e, sobretudo, sua adequação a determinados contextos e necessidades (Soares e Krawulski, 2010a).

Inegavelmente as ações desenvolvidas tenderão a gerar resultados mais efetivos quanto mais se puder adotar uma modalidade de trabalho adequada às contingências e à própria demanda apresentada. O mesmo se pode dizer no que se refere ao emprego de técnicas, instrumentos ou ferramentas, considerando que, muitas vezes, esses recursos servem de mediadores entre o profissional e a clientela, facilitando e dinamizando seu trabalho (Barreto, 2004).

Neste capítulo, tecemos considerações sobre as modalidades de intervenção individual e grupal em orientação profissional, de carreira e para a aposentadoria, procurando ressaltar suas características e peculiaridades e apontar as vantagens da utilização da modalidade grupal nessas distintas frentes de trabalho. Abordamos também a utilização de técnicas de dinâmica de grupo (TDGs), enfatizando requisitos e aspectos teóricos, técnicos e éticos envolvidos nessa utilização, a fim de enriquecer e dinamizar o trabalho proposto.

Os modos individual e grupal de intervenção no campo da orientação

Em contextos de consultório e/ou de atendimento particular, por suas especificidades, ações de orientação profissional, de carreira e para a aposentadoria são desenvolvidas predominantemente de modo individual, sendo a entrevista clínica a principal técnica utilizada. Esse contexto de trabalho, é preciso dizer, não exclui a modalidade grupal, e muitos profissionais têm formação específica que lhes permitiria utilizá-la. Porém, a clientela comparece isoladamente e cada qual em seu tempo, dificultando a formação e/ou a condução de um grupo. Além disso, como na prática as demandas costumam ser diversificadas e, com frequência, "atravessadas" por outras questões da vida pessoal do cliente, dificilmente um profissional se dedica com exclusividade a essas ações em seu trabalho de consultório e/ou de atendimento particular, a despeito de sua especialização na área.

No trabalho individualizado não ocorre o compartilhamento de experiências e/ou de demandas típico dos grupos, mas em contrapartida é possível "verticalizar" a problemática apresentada, explorando-a mais detidamente, por se estar trabalhando com as questões de apenas um indivíduo. Assim, é preciso cuidar do foco do trabalho: o profissional precisa ficar atento ao contrato estabelecido inicialmente. Caso outras demandas sejam trazidas, deve ser focalizada e discutida a real necessidade naquele momento: dar continuidade ao processo de orientação profissional, de carreira ou para a aposentadoria que motivou a busca de atendimento ou, se for o caso, transformá-lo em um processo psicoterapêutico[1].

Em comparação com os grupos, o atendimento individual constitui sem dúvida um espaço mais protegido no que se refere à expressão da vivência pessoal do processo de orientação. Em muitas situações, antecede à questão da orientação o enfrentamento de determinadas situações que a dificultam ou obstruem — como conflitos familiares ou identitários — e acabam por criar "bloqueios" às definições profissionais, de carreira e de aposentadoria se não forem (re)conhecidas e encaminhadas. Para alguns pacientes, também, por mais que consideremos os significativos benefícios advindos de uma inserção grupal, inclusive enriquecendo a dinâmica do grupo com sua presença e participação, essa possibilidade se mostra uma ameaça à sua individualidade e não é aceita. Nesses casos, cabe ao profissional, por razões éticas, respeitar os limites solicitados e buscar recursos e procedimentos adequados à demanda apresentada, por meio da intervenção individual.

Como vimos, na modalidade individual de intervenção a entrevista é o principal instrumento utilizado, podendo-se afirmar mesmo a impossibilidade de realização de um processo de orientação sem a utilização desse

1. Quando a modalidade individual é realizada por psicólogos e/ou psicoterapeutas, que muitas vezes atendem também outras demandas além da orientação profissional e, para tanto, têm a formação teórica e técnica requerida, essa modificação de contrato é possível. Em outras situações, o orientador profissional deve encaminhar o cliente a um psicoterapeuta.

recurso em algum momento do trabalho. O modelo clássico é a entrevista clínica, referendada de modo aprofundado na obra de Bohoslavsky (1991). É fundamental que o profissional tenha sempre presente o tipo de vínculo que estabelece com a pessoa que escolhe, pois, segundo ele, a escolha sempre se relaciona com os outros (reais e imaginários). Questões como identidade profissional e identidade ocupacional, conforme abordadas por esse mesmo autor, podem ser trabalhadas com mais profundidade na modalidade individual.

Guichard e Huteau (2001) compreendem a entrevista em orientação profissional de outra perspectiva. Para eles, a interação entre o orientador e o orientando pode estar relacionada com dois pontos de vista diferentes: o primeiro diz respeito ao modelo que visa ajustar os atributos estáveis do sujeito e das profissões, modelo este bem adaptado à organização do mundo do trabalho do início do século passado. O objetivo dessa entrevista seria reunir o máximo de informações sobre o orientando acerca dos temas julgados fundamentais pelo orientador para que este possa lhe fornecer o conselho adaptado. O questionamento é diretivo e as noções de aptidão e dos interesses são centrais. Consideramos que esse modelo corresponderia à estratégia estatística descrita por Bohoslavsky (1991).

O segundo ponto de vista (Guichard e Huteau, 2001) determina que a entrevista de orientação seja ligada à emergência do modo atual de organização do trabalho, que exige a localização de novas competências e, por outro lado, apresenta uma situação laboral tal que, durante a vida profissional, se modifica constantemente. O objetivo dessa entrevista é ajudar o indivíduo, de um lado, a perceber seus desenvolvimentos pessoais e profissionais durante toda sua vida e, de outro, gerir as transições às quais ele deve fazer face. Nessa concepção considera-se que a percepção da pessoa acerca dela própria é tão importante quanto a realidade que a cerca. Essa entrevista tem como objetivo principal não somente a descoberta, mas também a construção de si mesmo; poderíamos considerar que ela seria, então, a modalidade conhecida em nosso meio como a entrevista típica adequada ao processo orientativo.

Ressaltamos, no entanto, que em ações de orientação profissional, de carreira e para a aposentadoria o objetivo principal da entrevista, independentemente de sua concepção, deve ser o de levar os sujeitos a se interrogar sobre suas formas de identificação e suas idealizações, bem como o de incentivá-los à busca de informações e à (re)construção de caminhos. O âmago da entrevista, como se sabe, são perguntas, e do mesmo modo o processo de orientação, em seus diferentes âmbitos, requer perguntas, talvez muito mais do que respostas. O que se está enfatizando aqui e constitui elemento comum entre a entrevista na condição de metodologia de trabalho e a orientação como processo é a necessidade de indagar, elaborar interrogações que proporcionem reflexão e deliberação a respeito daquilo que se necessita definir relativamente às escolhas e decisões a ser tomadas pelo(s) sujeito(s) em atendimento.

Tendo em vista que a modalidade individual de intervenção em orientação, por suas peculiaridades e finalidades, se diferencia de um processo psicoterapêutico individual, é comum que as entrevistas sejam associadas a outros recursos, como o preenchimento de *checklists*, a elaboração de desenhos ou mesmo a destinação de tarefas para casa. Esses recursos nem sempre são apenas complementares; considerando o tempo curto normalmente destinado à intervenção, favorecem o envolvimento ativo do indivíduo no processo e, consequentemente, os resultados obtidos.

Em nossa trajetória de ensino e de intervenção no campo da orientação, temos valorizado e privilegiado a modalidade grupal, por considerar que a experiência em grupos constitui um exercício de exposição e compartilhamento de dúvidas e anseios, necessidade e incertezas, de modo muito rico e aberto a novas possibilidades. Além disso, em razão de nossa inserção ter se realizado por longos anos em órgãos de instituição pública (clínica-escola e programas institucionais de desenvolvimento de pessoas), esse modo de prática se mostrou mais adequado para viabilizar o atendimento à numerosa clientela[2].

Historicamente, a modalidade grupal de intervenção em orientação profissional teve Maria Margarida Carvalho como precursora no Brasil. Seu trabalho no Centro de Orientação Profissional do Instituto de Psicologia da USP, já no final da década de 1970, fundamentou-se nas teorias de grupo de Lewin, Rogers, Perls e Bion e culminou com a defesa de sua tese de doutorado em 1979, a qual foi divulgada ao grande público em forma de livro apenas bem mais tarde (1995). Também em 1979, Zaslavsky *et al.* referiram uma experiência

2. Essa opção, porém, não nos impediu de identificar casos de contraindicação desse modo de trabalho, detectados na entrevista inicial, os quais requeriam atenção individual, sendo assim encaminhados.

de planejamento por objetivos em orientação vocacional, com enfoque psicodinâmico, para utilização nas modalidades individual e grupal. Na apresentação de seu trabalho (p. 14, grifos nossos), registraram:

> Como conclusão de um ciclo de estudos coordenado pelo psicólogo Rodolfo Bohoslavsky, sistematizamos o atendimento vocacional a adolescentes na forma de um planejamento de *trabalho em grupo* destinado a adolescentes do 3º ano do 2º grau do Colégio Brasileiro de Almeida que serviu como campo experimental a este aperfeiçoamento teórico em orientação vocacional.

Um pouco mais tarde, em 1985, uma de nós também já havia afirmado que o trabalho de orientação profissional deveria ser feito em grupo:

> Acredito na possibilidade dos grupos em fazerem uma mais profunda mudança individual e social. É a melhor forma de realizar-se este procedimento por diversas razões, entre elas a possibilidade de identificações recíprocas entre os membros do grupo a partir de uma problemática (a necessidade de escolher); o enriquecimento pessoal a partir da troca de ideias; o relato de experiências pessoais compartilhadas; a possibilidade de *feedback* entre os próprios membros do grupo. (Soares, 1985, p. 83)

Essas contribuições foram brevemente recuperadas porque representam aspectos históricos fundamentais a respeito das primeiras iniciativas de desenvolver atividades no campo da orientação profissional na modalidade grupal em nosso país. Tal modalidade vem ganhando ênfase nos últimos anos, acompanhando o próprio crescimento da psicologia grupal, bem como da utilização dessa abordagem de intervenção em outros domínios da psicologia.

O trabalho com grupos tem comprovado sua eficácia em diferentes situações e conflitos vividos pelo homem na sociedade atual (Andaló, 2006). No campo da psicologia, são numerosas as possibilidades de intervenção por meio de práticas grupais, abrangendo desde grupos institucionais até aqueles nas áreas da família, operativos e psicoterápicos e do ensino e da aprendizagem (Zimerman, Osório e cols., 1997). Na área de OP, em específico, há de se destacar o fato de os participantes do grupo se encontrarem diante da mesma demanda, e essa condição produz empatia e compreensão das dificuldades apresentadas, bem como solidariedade e ajuda no desfecho dos processos.

Em linhas gerais, o modo grupal de intervenção inclui procedimentos teóricos e técnicos de um trabalho no qual se destaca a dinâmica instaurada no grupo. Segundo Zimerman (1997a, p. 27), "a importância do conhecimento e a utilização da psicologia grupal decorrem justamente do fato de que todo indivíduo passa a maior parte do tempo de sua vida convivendo e interagindo com distintos grupos". Melo-Silva e Jacquemin (2001), por sua vez, salientam o caráter de aprendizagem implícito em toda abordagem grupal. Em suas palavras (p. 82), "no contexto grupal é preciso observar como se configuram os vínculos entre os próprios integrantes, entre eles e a coordenação e, ainda, com a tarefa. Enfim, como a aprendizagem ocorre no grupo".

Consideramos que não existem procedimentos ou técnicas de uso exclusivo para intervenção em grupo ou para o modo individual de trabalho. Muitas das técnicas grupais podem ser adaptadas à situação individual, proporcionando "dinamização" e diversificação às ações de atendimento e enriquecendo seu processo e seus resultados. Ressaltamos, no entanto, que em ambos os modos de intervenção é fundamental a escolha teórica feita pelo profissional orientador, uma vez que esta lhe fornecerá as referências para o manejo do processo e para a utilização das técnicas. Cada distinto arcabouço teórico remete ou ao menos indica instrumentos, técnicas e/ou procedimentos[3] a ser utilizados na condução das ações de orientação profissional, de carreira ou para a aposentadoria, e esses dois recursos — o teórico e o técnico — devem caminhar juntos.

Orientar jovens e adultos na escolha de sua profissão, no desenvolvimento de sua carreira e/ou no desligamento do mundo do trabalho pressupõe o domínio de um referencial teórico e técnico por parte do orientador. Podemos dizer que a OP tem seu referencial teórico específico, a psicologia vocacional, que discute questões referentes ao processo de tomada de decisão, às influências na escolha, às dificuldades de fazê-la, à psicologia do projeto pessoal e profissional e à

3. A abordagem psicodramática conta com muitas técnicas que, embora tenham se originado no contexto psicoterapêutico (Yozo, 1996), podem ser utilizadas no campo da orientação, tendo como foco a escolha profissional, o planejamento/desenvolvimento de carreira e a aposentadoria. A teoria sistêmica, por sua vez, disponibiliza a técnica do genograma, batizada por Soares-Lucchiari (1997) de genoprofissiograma, que traz grande contribuição ao entendimento da dinâmica familiar, à sua apropriação por parte do orientado e à consequente percepção sobre a influência da família na escolha profissional de seus membros, sejam eles jovens ou adultos. Há ainda outras abordagens que sustentam a prática do orientador, cada qual com suas especificidades.

participação da família no processo de escolha. O referencial da psicologia do trabalho também é de grande importância como sustentação teórica, na medida em que esclarece questões relativas à significação e aos sentidos do trabalho, às transformações na realidade ocupacional e outras concernentes à informação profissional.

Ações no campo da orientação por meio de grupos pressupõem também, necessariamente, uma formação adequada em psicologia dos grupos, uma vez que o profissional deve estar preparado para o manejo grupal nas mais diferentes situações. Essa formação teórica é que lhe vai permitir realizar uma leitura adequada (Andaló, 2006) e indicar os tipos de intervenção a ser feitos, as técnicas às quais vai recorrer, bem como expressar sua compreensão acerca do funcionamento e do prognóstico de cada grupo considerando suas peculiaridades.

Notadamente, quando nos referimos em específico às técnicas de dinâmica de grupo (TDGs), a questão da escolha e da utilização de técnicas requer cautela, para que não nos alinhemos a uma abordagem de trabalho meramente tecnicista, ou seja, baseada na utilização da "técnica pela técnica", sem a necessária criteriosidade nem adequada leitura grupal. Proliferam em nosso país publicações sobre técnicas a ser aplicadas a trabalhos com grupos e prontas para ser utilizadas em qualquer situação, fato que, na compreensão de Andaló (2001; 2006), pode estar associado a um crescimento da demanda de trabalhos com grupos nos mais diversos contextos. Segundo a autora (2001, p. 136), essa proliferação expressa

> um processo de banalização preocupante numa perspectiva claramente tecnicista, dando a falsa impressão de que coordenar grupos é uma atividade simples e que não requer maiores conhecimentos teóricos, além do domínio de alguns "jogos", "técnicas" e "dinâmicas" superficiais aplicadas geralmente à revelia do movimento grupal.

A abundância de publicações sobre técnicas obviamente não é fortuita, respondendo também a toda uma demanda nesse sentido, por parte dos profissionais ou mesmo de estudantes, os quais, até mesmo por inexperiência, creditam ao uso de técnicas a possibilidade de resolver os problemas encontrados na coordenação dos grupos com agilidade e eficiência, esperando, muitas vezes, que elas ofereçam soluções mágicas para seu trabalho ou que esse uso impressione positivamente a clientela. Alinhando-nos com a posição da autora, entendemos que a escolha de técnicas não constitui, por si só, a questão fundamental ao planejar atividades a ser desenvolvidas com grupos.

É preciso discutir a *relatividade* das técnicas, reconhecendo que secundam a leitura do movimento grupal e de sua demanda a cada momento. Assim, referenciado por sua formação teórica e prática, o orientador necessita avaliar a melhor estratégia de trabalho para determinado momento do grupo, como também que recursos devem ser adotados para determinado grupo constituído. Essa necessidade evidencia a importância do domínio das TDGs, as quais abordaremos a seguir.

As técnicas grupais e sua utilização em práticas de orientação

Conforme já assinalamos, as denominadas técnicas de dinâmica de grupo (TDGs) vêm sendo utilizadas em larga escala por psicólogos em seus diferentes contextos de intervenção, constituindo uma tendência — sobretudo nas duas últimas décadas — que por extensão revela também a adoção preponderante da modalidade grupal de trabalho nas diferentes áreas da psicologia. Pesquisa recente a respeito das mudanças no exercício profissional da psicologia no Brasil apontou, especificamente referindo-se ao trabalho em clínica, haver sinais de ampliação dessa área, com a substituição do "modelo clínico de atendimento por *modelos de intervenção grupais* com forte ênfase social" (Bastos, Gondim e Borges-Andrade, 2010, p. 430, grifos nossos).

A emergência de intervenções em uma perspectiva interdisciplinar por parte de profissionais dessas diferentes áreas, bem como a necessidade de ampliação da oferta de serviços psicológicos para atingir maior público, pode estar associada ao uso mais expressivo do modo grupal de trabalho e das técnicas grupais no desenvolvimento deste.

Para Almeida (1988, p. 18), "técnica é o conjunto de procedimentos práticos que instrumentalizam o método, tornando-o viável na execução de seu objetivo final. Toda técnica deve ter uma teoria que a embase e a explicite", já que o método "necessita de técnicas para atingir seus objetivos". Assim, as técnicas são alternativas para planejar o trabalho, podendo-se, com base nelas e dependendo das especificidades de cada grupo e/ou coordenador, criar algo novo ou realizar adaptações sob medida para determinadas situações.

Com base nessas questões e definições, elencamos a seguir algumas considerações a respeito do uso de TDGs que necessitam ser levadas em conta nas intervenções no âmbito da orientação profissional, de carreira e para a aposentadoria, mas também se revelam úteis para outros contextos de prática em psicologia:

1. Utilizar TDGs exige conhecimento teórico-conceitual sobre os grupos e seu processo de coordenação, incluindo sua constituição e seu funcionamento, os diferentes contextos grupais e a complexidade de aspectos envolvidos/mobilizados na dinâmica grupal. Conhecer minimamente esses aspectos qualifica e torna criteriosa a intervenção profissional por meio de TDGs, enriquecendo o trabalho de coordenação grupal desenvolvido e evitando a já referida banalização do uso desses recursos. Infelizmente, pesquisa realizada por Bastos, Gondim e Borges-Andrade (2010) a respeito de mudanças no exercício profissional da psicologia no Brasil evidenciou que a competência para coordenar grupos figurou entre aquelas menos desenvolvidas durante a formação de psicólogos, mesmo sendo tão essencial para a atuação profissional[4]. Enquanto isso, a literatura nos traz inicia-

4. Buscando suprir essa lacuna na formação acadêmica de psicólogos, uma de nós (Edite Krawulski) criou, propôs e ministrou no curso de graduação em Psicologia da Universidade Federal de Santa Catarina uma disciplina específica tratando do tema. Trata-se da disciplina complementar PSI 7123 — Técnicas de Dinâmica de Grupo, vinculada à grade curricular do curso, cuja ementa é: "Grupos como recurso e modalidade de intervenção em Psicologia. Aplicação de Técnicas de Dinâmica de Grupo nos diferentes contextos de atuação do psicólogo.

tivas de outras áreas, como a enfermagem, na busca de conhecimento acerca dos processos grupais, seja durante a formação acadêmica, seja nas equipes de trabalho (Miri e Lorenzini, 2015; Cardoso e Dall'Agnol, 2011).

2. Além de conhecimentos teórico-conceituais sobre grupos, a utilização de TDGs requer conhecimento e domínio do contexto grupal específico com o qual se vai trabalhar. De que grupo se trata? Qual é sua origem e que finalidades ele tem? Ele tem uma identidade grupal? Como foi/é constituído? Sobre esses aspectos, ressalta-se a questão dos diferentes contextos componentes de um grupo: o social, o grupal e o dramático, os quais devem ser explorados e considerados desde o planejamento de uma aplicação de TDG, seja qual for a finalidade da utilização desse recurso e o campo da psicologia em questão. A compreensão desses contextos grupais remete ao psicodrama, cuja abordagem considera contexto social aquele constituído pela realidade social tal como se apresenta, incluindo o tempo cronológico, os espaços concretos e demais informações referentes ao meio social de onde os indivíduos se originam. Já o contexto grupal é constituído pela realidade grupal traduzida em uma dinâmica própria, movimentação e gestual dos seus integrantes. Já o contexto dramático é composto pela realidade dramática no nível do "como se", pelo tempo fenomenológico, subjetivo, construído sobre o espaço concreto, devidamente marcado (Gonçalves, Wolff e Almeida, 1988, p. 98).

As Técnicas de Dinâmica de Grupo. O papel do coordenador de grupos. Cuidados éticos na utilização de Técnicas de Dinâmica de Grupo e no manejo grupal".

3. Escolher uma ou mais TDGs para ser aplicada(s) em um grupo requer a formulação e/ou identificação de um objetivo a ser alcançado (ou, ao menos, perseguido) com essa aplicação. Nesse aspecto reside a maior deficiência identificada nos trabalhos que utilizam TDGs, uma vez que grande parte dos profissionais simplesmente escolhe a(s) técnica(s) em livros ou em sites que as apresentam em abundância, sem considerar que essa escolha deve ocorrer com base no delineamento de um objetivo para o trabalho grupal que se quer desenvolver e nas técnicas em específico. Conforme se pode evidenciar em outro trabalho nosso, os objetivos parametrizam tanto a classificação das distintas técnicas grupais, localizando inclusive o momento grupal de sua aplicação, quanto o propósito de aplicação de cada uma delas (Soares e Krawulski, 2010b). Se o grupo a ser trabalhado foi minimamente compreendido, é possível traçar um objetivo geral para ele e, dependendo da situação, alguns objetivos específicos, para só então definir de qual ou de quais técnicas se lançará mão para desenvolvê-lo.
4. Aplicar uma TDG pressupõe que o profissional tenha clara, para si próprio, a consigna a ser utilizada naquela aplicação em específico. A clareza na definição da consigna e sua utilização de forma precisa são tão importantes quanto a definição do(s) objetivo(s) para que o trabalho grupal obtenha bons resultados. Assim, é fundamental que, uma vez delineado um objetivo grupal e escolhida uma técnica com seu(s) objetivo(s), identifique-se ou defina-se a consigna a ser utilizada. Esta, conforme se encontra registrada em alguns trabalhos nossos

(Soares e Krawulski, 2010b; D'Ávila, Soares e Krawulski, 2010), pode ser entendida como uma explicitação breve e precisa, para o grupo, da tarefa proposta mediante a técnica grupal em aplicação. Funcionando na prática como uma instrução, ela deve ser repetida ou reapresentada ao grupo se ele sinalizar essa necessidade, principalmente em situações em que é curta e vaga no que se refere às tarefas que seus participantes foram solicitados a desempenhar.

5. Não existe TDG "boa" ou "má" *a priori*, e sim apropriada ou inapropriada a determinados objetivos e contextos grupais. Muitas vezes uma técnica é utilizada em um grupo com um resultado ótimo, levando os coordenadores grupais à conclusão de que "esta técnica é boa"; com isso, passam a utilizá-la em todas as ocasiões e circunstâncias grupais, até depararem com um grupo no qual "ela não funciona". Em outras palavras, qualquer técnica potencialmente serve àquilo que buscamos para trabalhar com determinado grupo; é o propósito a ser alcançado com aquele trabalho o fator que indicará qual delas melhor "se encaixa" ao que se pretende desenvolver no grupo. Isso porque as TDGs têm a plasticidade como característica inerente, portanto compreender a plasticidade desses recursos de trabalho grupal significa entender que uma mesma técnica pode ser escolhida para intervenção em diferentes grupos, com diferentes objetivos e, ainda mais, diferentes consignas. O próprio grupo também produz e sofre mudanças, em um processo dialético e plástico. Ressalte-se que essa plasticidade, tão pouco ou nada

referida na literatura, é na verdade um dos aspectos que tornam a utilização de TDGs nas intervenções de modalidade grupal tão atrativa, pois as combinações entre essas diferentes variáveis se multiplicam, fornecendo aos profissionais uma gama de recursos de trabalho infinitamente rica e profusa. Entendemos que esse mesmo aspecto, porém, paradoxalmente, produz a banalização do uso de TDGs e a inadequação nesse uso, ferindo princípios éticos, técnicos e até mesmo conceituais relativos aos grupos e à sua dinâmica.

6. A "leitura grupal" é o recurso que por excelência acompanha qualquer trabalho que utilize TDGs. Realizar essa leitura significa perceber, apreender e compreender os movimentos do grupo, suas reações, suas recusas, seus silêncios, sua maior ou menor adesão às atividades propostas — enfim, suas ações e reações diante delas, bem como os resultados alcançados. Andaló (2001) explicita esse conceito em trabalho a respeito do papel do coordenador grupal, referindo a possibilidade de aprendizagem do recurso. Os profissionais que se propõem a utilizar TDGs como recurso à sua intervenção em psicologia, independentemente do campo, necessitam aprender essa habilidade de realizar leitura grupal para que a aplicação de técnicas não caia em automatismos e seja recurso efetivo para a condução dos trabalhos e não sua finalidade.
7. Escolher TDGs para aplicar em determinado grupo pressupõe a realização de um planejamento do trabalho grupal, que permaneça do começo ao fim das atividades. Esse planejamento, o qual se recomenda ser registrado,

no caso de profissionais menos experientes, possibilita enxergar "o todo" do trabalho e, assim, confere direção e nexo ao sequenciamento de atividades e sua adequada discussão com o grupo. O registro do planejamento pode ser detalhado em pormenor ou apenas em linhas gerais, dependendo do tipo de intervenção e também de seus demandantes (Soares-Lucchiari, 1993; Garcia, 2000). Faz parte desse planejamento a preparação prévia e cuidadosa de material que eventualmente seja requerido, dependendo da(s) TDGs escolhida(s) e do próprio local de sua aplicação.

A título de exemplo, brevemente mostramos o estabelecimento de um plano de intervenção grupal em orientação profissional, o qual pressupõe quatro encaminhamentos básicos: primeiramente, a *seleção dos participantes do grupo*, em geral feita mediante uma entrevista inicial individual, por meio da qual se avalia a sua "orientabilidade"[5], isto é, se no momento presente eles têm condições de realizar uma escolha, e até mesmo se tal demanda o mobilizou a procurar a orientação. Essa entrevista permite avaliar ainda se a modalidade grupal de trabalho pode ser aplicada àqueles sujeitos. Um segundo encaminhamento é o *levantamento das expectativas*, entendido como a verbalização e a tomada de consciência, por parte do jovem, acerca de suas "reais" ex-

5. O conceito de orientabilidade é definido por Bohoslavsky (1991, p. 111) como "a possibilidade de adequar-se ao quadro de trabalho que definimos como modalidade clínica e que tende a prevenir más identificações vocacionais e ocupacionais, ou resolver os conflitos entre identidades ocupacionais contraditórias".

pectativas em relação ao trabalho: "O que ele espera do grupo e do orientador?", "O que o grupo pode ou não oferecer para ele?" e "Qual é sua responsabilidade e seu compromisso em relação a si mesmo, aos demais componentes do grupo e ao processo em si para que os resultados sejam alcançados?" são perguntas a ser colocadas.

Conhecidas essas expectativas, torna-se necessário, na sequência, o *estabelecimento do contrato psicológico*; feito com base na explicitação de expectativas, este se constitui no compromisso de cada indivíduo e do grupo com o processo de orientação profissional. Nesse momento são feitos acordos de trabalho em torno das tarefas, do tempo a ser despendido e dos custos, além de esclarecidos as possibilidades e os limites do trabalho proposto, bem como da realidade do grupo e da instituição. O estabelecimento do *setting* grupal é a constituição de um ambiente normativo (continente) onde se desenvolverá o processo grupal (conteúdo), incluindo do espaço físico no qual as sessões transcorrerão às combinações prévias sobre horários, frequência e duração delas, além da própria composição do grupo (Osório, 2000). Por último, faz-se necessária a *avaliação final do trabalho*, ou seja, a análise a respeito do alcance dos objetivos individuais e grupais.

É importante, em síntese, que não se perca de vista o processo vivenciado pelo grupo, o que inclui considerar e compreender o conjunto de elementos mobilizados pela técnica, e não apenas sua aplicação sequenciada e, muitas vezes, fragmentada. Nesse sentido, a abordagem psicodramática aponta recursos teórico-técnicos por meio dos quais procura dar conta de todo o processo gerado pela aplicação da técnica, permitindo assim a emergência de elementos e situações trazidas e sua consequente elaboração por parte dos membros do grupo. Ao propor a fase de *processamento*[6], essa abordagem propugna a necessidade de alcançar alguma compreensão, em nível cognitivo, a respeito das vivências mobilizadas pelas técnicas, bem como aspectos técnicos relativos à condução do grupo.

O conjunto de considerações a respeito do uso de TDGs aqui exposto não se pretende completo, mas objetiva trazer à reflexão elementos essenciais ao trabalho grupal — e quase sempre ausentes na literatura disponível sobre o assunto. Ao longo de nossa prática encontramos vários referenciais teóricos sendo utilizados para subsidiar a escolha de técnicas. Observa-se por parte de alguns profissionais da área, em geral iniciantes ou até mesmo estagiários, uma postura de adoção de técnicas sequenciadas logicamente e, com esse procedimento, acreditam ter elaborado um bom plano de atividades para seu grupo e buscam segui-lo à risca.

6. Na perspectiva psicodramática, o uso de técnicas supõe quatro momentos: o aquecimento, a vivência da técnica propriamente dita (dramatização), o compartilhamento e o processamento. Aquecimento é a preparação das condições para a ação, podendo ser específico (relacionado com o tema a ser trabalhado) ou inespecífico (conjunto de procedimentos destinados a centralizar a atenção, diminuir o estado de tensão e facilitar a interação). Dramatização é a ação, o drama, o observar *in vivo* e no "aqui e agora" toda a estrutura material e a investigação simultânea e não sucessivamente. Compartilhamento é a exposição, pelos participantes do grupo, de como se sentiram, onde a vivência os tocou e como se colocam diante da situação. Processamento é fase incluída com maior ênfase em grupos de caráter didático e permite o alcance da compreensão, em nível cognitivo, da experiência vivida, e também de aspectos técnicos da sessão (Gonçalves, Wolff e Almeida, 1988).

Conforme já ressaltamos, o critério básico para a escolha das técnicas nos distintos contextos de práticas, incluindo aquelas de orientação profissional, de carreira e para a aposentadoria, deve ser o da definição dos objetivos gerais e específicos de cada uma das etapas do trabalho. Estando claros os objetivos a ser atingidos, e uma vez não se perdendo de vista o movimento grupal, escolher a técnica constitui atividade complementar extremamente facilitada, podendo-se, inclusive, desenvolver novas ferramentas a partir de necessidades que vão se apresentando no decorrer do trabalho (Soares e Krawulski, 2010b).

A inclusão desta ou daquela técnica no planejamento de uma intervenção deve propiciar que o coordenador grupal se sinta apto a demonstrar e defender a validade e a real possibilidade de sua utilização naquele momento específico do grupo. Perguntas tais como "para que vai me servir tal procedimento?" ou "aonde pretendo chegar com tal técnica?" costumam ser bons parâmetros para definir se ela nos conduzirá aos aspectos essenciais a ser trabalhados nos contextos social, grupal e psicodramático. Muitas vezes o encantamento gerado no coordenador de grupos ao ver os participantes se envolverem com entusiasmo no desenvolvimento das "técnicas propostas" pode levá-lo a perder de vista o processo como um todo, ou seja, os elementos mobilizados pela técnica; o profissional se sente seduzido pelos resultados alcançados.

Reafirmamos, então, que a escolha e a utilização de TDGs devem ser respaldadas pela boa "leitura" que se faz do grupo, para avaliar se e em que medida uma TDG é a mais adequada ao movimento e ao momento grupal, e também pela "habilidade" do orientador na aplicação e no processamento da técnica, isto é, a consequência da sua formação teórica e técnica para tal. Se não houver o aquecimento adequado, por exemplo, a técnica que *a priori* se revelava "tão boa" pode ser um fracasso. Em síntese, pode-se considerar TDG, no âmbito da orientação profissional, de carreira e para a aposentadoria, qualquer recurso do qual o orientador lança mão para viabilizar sua intervenção profissional, permitindo-lhe levar os indivíduos a entrar em contato com as suas questões, reconhecendo suas demandas internas, as pressões externas e o modo como lidam com tais questões, inseridas no seu contexto vivencial mais amplo.

O orientador como coordenador de grupos

Ao intervir na modalidade grupal, o profissional assume o importante papel de coordenador do grupo. Nessa perspectiva, não bastam estabelecer um plano de trabalho e escolher técnicas para desenvolvê-lo; é necessário assumir a direção do grupo a ser coordenado. Tem sido uma preocupação das várias abordagens que se debruçam sobre a temática grupal refletir sobre o papel dos coordenadores de grupo. Para Andaló (2001, p. 136), porém, "tal papel se encontra atrelado à própria concepção de grupo dos profissionais que o exercem, ou seja, a qualquer caminho metodológico utilizado na investigação dos processos grupais subjaz uma concepção de mundo e de homem nem sempre explicitada".

A contribuição dessa autora nos permite destacar a importância da teoria da técnica, isto é, do reconhecimento dos referenciais teóricos que estão pautando o trabalho grupal do orientador, suas formulações conceituais e de que forma as aplica à sua prática. Desse modo, a postura do profissional para realizar seu trabalho, além da criteriosidade na escolha e utilização de técnicas, deve estar pautada pela referência teórica utilizada, que lhe forneça elementos para a formação e a composição do grupo, e também para uma boa coordenação, com base em uma leitura adequada de sua estrutura e do seu funcionamento.

A literatura disponível a respeito do tema dos grupos é abundante, apresentando desde seus fundamentos teóricos e técnicos em uma perspectiva clássica (Mailhiot, 1977; Lapassade, 1983) até sua classificação a partir de diversos critérios, bem como tipologias grupais aplicadas em vários contextos de prática (Zimerman, Osório e cols., 1997; Fleury e Marra, 2005a; 2005b). No que tange especificamente à questão coordenativa, Zimerman (1997b, p. 41) aponta atributos desejáveis para um coordenador de grupo. Conquanto esse autor faça a ressalva de que "cada situação grupal específica também exige atributos igualmente especiais para a pessoa do coordenador", considera 15 atributos específicos, que vão desde paciência e respeito até traços caracterológicos, "um conjunto de condições desejáveis e, para certas situações, imprescindíveis".

O desenvolvimento do papel profissional de coordenador se desenrola, agora de acordo com a abordagem psicodramática, em três momentos distintos, a saber: *role-taking*, *role-playing* e *role-creating*. *Role-taking* é a primeira experiência com o real, é a incorporação das experiências reais nas pautas representativas do sujeito. Nesse momento, o futuro orientador tende a imitar profissionais que teve oportunidade de observar coordenando grupos. É um período de insegurança e de busca de realizar as atividades conforme planejado e lido nos livros. Há dificuldade de observar o que está acontecendo com o grupo e uma tendência à fixação ao planejamento prévio.

Já o *role-playing*, segundo Moreno (1983, p. 156), é "personificar outras formas de existência por meio do jogo". No caso do orientador, já se estabelece nesse momento um contato com o simbólico, pois ele representa os papéis conhecidos, integrados lógica e socialmente. Trata-se do papel profissional social objetivado, pois é a representação da imagem do seu desempenho do papel profissional de acordo com as suas características pessoais. Nesse momento os coordenadores já se sentem mais seguros e não tão presos ao planejamento; conseguem observar com mais atenção a dinâmica do grupo e escolher TDGs que sejam mais adequadas àquele momento. A fase do *role-creating*, por sua vez, é aquela do contato com o imaginário, e representa os papéis criados na fantasia, nos sonhos. É quando existe para o profissional a possibilidade de elaborar projetos distintos de intervenção, criar novas técnicas e adaptar outras, conforme a necessidade do grupo. Pode-se dizer que nessa etapa o orientador está "pronto" para intervir em diferentes grupos com "criatividade e espontaneidade", cumprindo as premissas do psicodrama para o bom desempenho de papéis.

Para além desses distintos e fundamentais momentos propostos pela abordagem psicodramática relativamente à apropriação da tarefa de coordenar grupos, já salientamos, em outro trabalho, que a formação do orientador para que possa vir a exercer um adequado papel de coordenador grupal deve se realizar em diferentes âmbitos, correspondentes a níveis de aprendizagem (Krawulski e Soares, 1999). Em um primeiro âmbito, de natureza *teórica*, destacamos a formação teórica do orientador, fundamental para o adequado desempenho de sua função. Além de conhecer o referencial básico da psicologia, é importante a familiaridade com a psicologia do trabalho e com questões e temáticas referentes ao mercado de trabalho, à empregabilidade e à globalização. Informações sobre as diferentes profissões e ocupações e os diversos cursos e universidades são importantes, como também o domínio das teorias da orientação profissional, teorias de escolha e decisão, e a psicologia do projeto profissional. É imprescindível, portanto, que o orientador tenha clareza quanto ao referencial teórico que sustenta seu trabalho.

O *âmbito prático* da formação do orientador, por sua vez, exige uma prática supervisionada na condução de processos de orientação, sejam individuais ou em grupo. Como trabalhar com a escolha do outro coloca em questão, de certo modo, as próprias escolhas dos orientadores acerca de sua profissão, de sua carreira e até mesmo de seu momento e circunstâncias do desligamento laboral, é fundamental a presença do supervisor para, entre outras questões, esclarecer "pontos cegos" que podem "enviesar" suas intervenções. Já no *âmbito pessoal*, defendemos que o orientador necessita conhecer e compreender os motivos que o levaram a escolher sua profissão, em especial a opção pela orientação como atividade profissional, pois só poderá trabalhar com clareza as demandas que lhe são apresentadas pelos indivíduos se for capaz de compreender as próprias motivações e escolhas relativamente à sua profissão, carreira e perspectivas de aposentadoria.

Cabe salientar, aqui, que a sustentação da aprendizagem do papel de orientador nesse tripé não traz como prognóstico a garantia de um bom trabalho profissional, porém indubitavelmente fornece uma boa base para a adequada condução grupal. No desempenho desse papel, "por não estar imerso na situação, consegue ter uma visão de distância que lhe permite captar aspectos mais amplos e profundos", e mais: "Dada a função que o coordenador detém de mediador entre o nível do vivido e a leitura crítica da realidade, reafirma-se o caráter constitutivo da sua liderança no processo do grupo" (Andaló, 2001, p. 148 e 150).

Em síntese, na medida em que se apropria da função de coordenador de grupos, o profissional passa a (re)conhecer que sua atuação em orientação profissional, de carreira e para a aposentadoria se caracteriza como a de um *mediador de escolhas* perante os sujeitos que demandam seu trabalho. Essa mediação se concretiza por meio da sua responsabilidade e de seu papel de "auxiliar a pensar" para a tomada de decisões, por meio de atividades, exercícios e jogos propostos, quer individualmente quer em grupos, problematizando, muitas vezes, o que já está posto, como também questionando parâmetros estabelecidos e "autorizando" esses sujeitos a alçar novos voos.

Considerações finais

Para finalizar, enfatizaremos alguns aspectos que por sua importância merecem destaque. Em primeiro lugar, a necessidade de o orientador fazer a escolha do referencial teórico que vai sustentar sua prática, porém tendo sempre presentes as referências teóricas específicas do campo da orientação para guiar seu trabalho. Um segundo aspecto refere-se ao preparo do orientador para a tarefa de coordenar grupos, tendo em vista a tendência crescente de emprego do modo grupal de intervenção no campo, para os diversos contextos de práticas, seja em orientação profissional, de carreira ou para a aposentadoria. Defendemos que esse preparo tenha início já durante seu período de formação profissional; ele consista na busca de uma compreensão teórica a respeito do fenômeno grupal e também na aproximação à complexidade de sua dinâmica.

Sobre a utilização das TDGs, para além da enumeração de considerações feita ao longo deste capítulo, resta-nos (re)afirmar que simplesmente pesquisar um livro de técnicas não habilita o profissional a aplicá-las nos grupos nem no contexto individual de trabalho. Além de todos os cuidados já salientados com relação a essa tarefa, acrescentamos a importância da vivência da técnica pelo orientador antes de sua aplicação, a qual poderá ocorrer durante o período de formação, em disciplinas específicas de orientação vocacional e profissional, em encontros de supervisão durante a realização dos estágios, em eventos técnico-científicos e também em cursos de formação oferecidos por entidades independentes. Nossa experiência tem mostrado a importância desse conhecimento vivencial da técnica para sua boa utilização.

Na abordagem grupal, conforme já dissemos, é importante que não se perca de vista o grupo, prestando atenção ao modo como seus participantes reagem à proposição e ao desenvolvimento da técnica e à maneira como compreende e responde às questões propostas. Os momentos de compartilhamento e de processamento da vivência, ao final de sua realização, também são fundamentais para uma percepção adequada sobre a dinâmica instaurada no grupo com as técnicas trabalhadas. No trabalho individual, por sua vez, é essencial o manejo da modalidade clínica de escuta, devendo o orientador prestar atenção à verdadeira demanda do sujeito, muitas vezes subliminar àquilo que é manifesto em um primeiro momento.

Em sua primeira palestra proferida na Europa sobre o psicodrama, ainda em 1954, ao referir-se ao desempenho profissional do terapeuta, Moreno (1983, p. 54) ressaltava a existência de "três tipos de desempenho profissional: habilidade sem amor, amor sem habilidade e habilidade com amor". Cremos ser possível o estabelecimento de uma analogia entre esse desempenho referido pelo autor e aquele esperado do orientador: o amor resultaria do prazer e da satisfação advindos da opção pela orientação como campo de exercício profissional, sendo componentes essenciais complementares à habilidade o interesse, o envolvimento e o prazer; em suma, a identificação com tão nobre tarefa. Considerando que habilidades podem ser desenvolvidas, finalizamos com a expectativa de que venham a contribuir nesse sentido todos os elementos trazidos neste capítulo a respeito dos modos de intervenção individual e grupal, da adequada utilização de técnicas nos diversos contextos de práticas em orientação e também da tarefa de coordenar grupos.

Referências

ALMEIDA, W. C. *Psicoterapia aberta: formas de encontro*. São Paulo: Ágora, 1988.

ANDALÓ, C. S. A. "O papel de coordenador de grupos". *Psicologia USP*, v. 12, n. 1, 2001, p. 135-52.

______. *Mediação grupal: uma leitura histórico-cultural*. São Paulo: Ágora, 2006.

BARDAGI, M. P.; ALBANAES, P. "Avaliação de intervenções vocacionais no Brasil: uma revisão da literatura". *Revista Brasileira de Orientação Profissional*, v. 16, n. 2, Florianópolis, dez. 2015, p. 123-35.

BARRETO, M. F. M. (org.). *Dinâmica de grupo: história, prática e vivências*. 2. ed. Campinas: Alínea, 2004.

BASTOS, A. V. B.; GONDIM, S. M. G.; BORGES-ANDRADE, J. E. "As mudanças no exercício profissional da psicologia no Brasil: o que se alterou nas duas últimas décadas e o que vislumbramos a partir de agora?" In: BASTOS, A. V. B.; GONDIM, S. M. G. e cols. (orgs.). *O trabalho do psicólogo no Brasil*. Porto Alegre: Artmed, 2010.

BOHOSLAVSKY, R. *Orientação vocacional: estratégia clínica*. 8. ed. São Paulo: Martins Fontes, 1991.

CARDOSO, A. S. F.; DALL'AGNOL, C. M. "Processo grupal: reflexões de uma equipe de enfermagem". *Revista da Escola de Enfermagem da USP*, v. 45, n. 6, São Paulo, 2011, p. 1412-18.

CARVALHO, M. M. M. J. *Orientação profissional em dinâmica de grupo*. Tese (doutorado em Psicologia), Instituto de Psicologia, Universidade de São Paulo, São Paulo, 1979.

______. *Orientação profissional em grupo: teoria e técnica*. São Paulo: Editorial Psy, 1995.

D'AVILA, G.; SOARES, D. H. P.; KRAWULSKI, E. "Técnicas para planejamento de carreira: do sonho profissional ao plano de ação". In: LASSANCE, M. C. P. (org.). *Técnicas para o trabalho de orientação profissional em grupo*. 2. ed. Porto Alegre: Ed. da UFRGS, 2010, p. 203-31.

FLEURY, H. J.; MARRA, M. M. (orgs.). *Intervenções grupais na saúde*. São Paulo: Ágora, 2005a.

______. *Intervenções grupais na educação*. São Paulo: Ágora, 2005b.

GARCIA, M. P. B. "Reorientação profissional em grupo — Planejamento por encontro". In: LISBOA, M. D.; SOARES, D. H. P. (orgs.). *Orientação profissional em ação: formação e prática de orientadores*. São Paulo: Summus, 2000.

GONÇALVES, C. S.; WOLFF, J. R.; ALMEIDA, W. C. de. *Lições de psicodrama: introdução ao pensamento de J. L. Moreno*. 3. ed. São Paulo: Ágora, 1988.

GUICHARD, J.; HUTEAU, M. *Psychologie de l'orientation*. Paris: Dunod, 2001.

KRAWULSKI, E.; SOARES, D. H. P. "A formação do orientador profissional no Laboratório de Informação e Orientação Profissional da UFSC". *Revista da Associação Brasileira de Orientadores Profissionais*, v. 3, n. 1, 1999, p. 23-35.

LAPASSADE, G. *Grupos, organizações e instituições*. 2. ed. Rio de Janeiro: Francisco Alves, 1983.

LASSANCE, M. C. P.; LEVENFUS, R. S.; MELO-SILVA, L. L. (orgs.). *Orientação de carreira: investigação e práticas*. Porto Alegre: Associação Brasileira de Orientação Profissional, 2015 (livro eletrônico).

LISBOA, C. P. "Uma experiência de orientação profissional no contexto de políticas públicas". *Revista Brasileira de Orientação Profissional*, v. 18, n. 1, Florianópolis, jun. 2017, p. 105-14.

MAILHIOT, G. B. *Dinâmica e gênese dos grupos*. 4. ed. São Paulo: Duas Cidades, 1977.

MELO-SILVA, L. L.; JACQUEMIN, A. *Intervenção em orientação vocacional/ocupacional: avaliando resultado e processos*. São Paulo: Vetor, 2001.

MIRI, C.; LORENZINI, E. "Enfermagem e relações grupais em unidade de terapia intensiva adulto". *Revista de Enfermagem da UFPE* [on-line], v. 9, n. 1, Recife, jan. 2015, p. 121-27.

MORENO, J. L. *Fundamentos do psicodrama*. São Paulo: Summus, 1983.

OSÓRIO, L. C. *Grupos: teorias e práticas — Acessando a era da grupalidade*. Porto Alegre: Artes Médicas, 2000.

PAZZIM, T. A.; MARIN, A. "Programas de preparação para aposentadoria: revisão sistemática da literatura nacional". *Revista Brasileira de Orientação Profissional*, v. 17, n. 1, Florianópolis, jun. 2016, p. 91-101.

SOARES, D. H. P. *O que é escolha profissional*. São Paulo: Brasiliense, 1985.

SOARES, D. H. P.; COSTA, A. B. *Aposent-Ação — Aposentadoria para ação*. São Paulo: Vetor, 2011.

SOARES, D. H. P.; KRAWULSKI, E. "Modalidades de trabalho e utilização de técnicas em orientação profissional". In: LEVENFUS, R. S.; SOARES, D. H. P. (orgs.). *Orientação vocacional ocupacional: novos achados teóricos, técnicos e instrumentais para a clínica, a escola e a empresa*. 2. ed. Porto Alegre: Artmed, 2010a, p. 247-59.

______. "Práticas e técnicas em orientação profissional no Laboratório de Informação e Orientação Profissional (Liop): aperfeiçoando ferramentas e diversificando procedimentos de trabalho". In: LASSANCE, M. C. P. (org.). *Técnicas para o trabalho de orientação profissional em grupo*. 2. ed. Porto Alegre: Ed. da UFRGS, 2010b, p. 93-118.

SOARES-LUCCHIARI, D. H. P. "Planejamento por encontros". In: SOARES-LUCCHIARI, D. H. P. (org.). *Pensando e vivendo a orientação profissional*. São Paulo: Summus, 1993.

______. "Uma abordagem genealógica a partir do genoprofissiograma e do teste dos três personagens". In: LEVENFUS, R. S. e cols. *Psicodinâmica da escolha profissional*. Porto Alegre: Artes Médicas, 1997.

YOZO, R. Y. K. *100 jogos para grupos: uma abordagem psicodramática para empresas, escolas e clínicas*. São Paulo: Ágora, 1996.

ZANELLI, J. C.; SILVA, N.; SOARES, D. H. P. *Orientação para aposentadoria nas organizações de trabalho: construção de projetos para o pós-carreira*. Porto Alegre: Artmed, 2010.

ZASLAVSKY, I. *et al. Orientação vocacional, uma experiência em processo*. Rio de Janeiro: Eldorado, 1979.

ZIMERMAN, D. E. "Fundamentos teóricos". In: ZIMERMAN, D. E.; OSÓRIO, L. C. e cols. *Como trabalhamos com grupos*. Porto Alegre: Artes Médicas, 1997a.

______. "Atributos desejáveis para um coordenador de grupo". In: ZIMERMAN, D. E.; OSÓRIO, L. C. e cols. *Como trabalhamos com grupos*. Porto Alegre: Artes Médicas, 1997b.

ZIMERMAN, D. E.; OSÓRIO, L. C. e cols. *Como trabalhamos com grupos*. Porto Alegre: Artes Médicas, 1997.

Parte 2

Orientação profissional e educação

PROJETO DE VIDA E ORIENTAÇÃO PROFISSIONAL COM JOVENS ESTUDANTES: OPORTUNIZANDO REFLEXÕES E AÇÕES

Marilu Diez Lisboa
Maribel Rosa Balardin Lemos

03

Introduzindo a proposta de ação

Buscando oferecer condições para que jovens/adolescentes encontrem o que mais lhes faz sentido quanto ao ingresso no mundo do trabalho, este capítulo discute a construção do futuro laboral, apresentando possíveis caminhos a ser seguidos.

Motivadas pela preocupação com o futuro profissional de jovens pertencentes à escola pública, cujas condições socioeconômicas são predominantemente desfavoráveis e invariavelmente precárias, buscamos lhes oferecer subsídios que permitissem a reflexão e a construção de seu presente e futuro, em relação às escolhas profissionais e à inserção no mundo do trabalho.

O objetivo geral do projeto aqui descrito foi trabalhar a orientação de jovens/adolescentes concluintes do nono ano dos períodos diurno e noturno de uma escola municipal de Lages (SC) quanto às escolhas profissionais, à construção de projetos de vida e à tomada de decisões.

Como objetivos específicos, procurou-se trabalhar o conhecimento das possibilidades ligadas ao prolongamento da escolarização e ao ingresso no mundo laboral, bem como construir, no município em que o processo foi desenvolvido, parcerias entre a escola, *lócus* dessa abordagem, e entidades como universidades e o Sistema S.

O trabalho foi desenvolvido por dois anos consecutivos — 2014 e 2015 — e em formatos diferentes, pois os orientadores profissionais tiveram de conhecer a realidade cotidiana dos estudantes e realizar adaptações às suas circunstâncias do primeiro para o segundo ano de sua execução.

Na primeira oportunidade, foram realizados 12 encontros semanais de uma hora cada. A metodologia adotada foi de dinâmicas específicas de orientação profissional, estimulando a reflexão sobre escolhas, tomada de decisão e projeto de vida. Foram apresentadas possibilidades de inserção em cursos profissionalizantes e de nível superior, visando ao prolongamento da escolaridade.

Também foram enfocados temas e procedimentos acerca da empregabilidade. Isso compôs com a abordagem facilitadora da apropriação de si, trabalhando-se especificamente o autoconhecimento, uma vez que se considera que as escolhas profissionais envolvem fatores pessoais, sociais e culturais dos indivíduos.

Na segunda oportunidade, foi necessário reformular a formatação do projeto com base na experiência do ano anterior. Assim, os encontros foram concentrados em três blocos de quatro horas cada, durante o turno de estudos, aumentando a participação e as chances de melhor aproveitamento. Nesse caso, como era ocupado o período de aulas, os professores cederam seus horários, distribuídos equitativamente entre eles, de modo que não houve prejuízo de nenhuma disciplina. Estes ficavam em sala de aula enquanto as orientadoras profissionais se ocupavam da turma e, invariavelmente, participavam e contribuíam com elas. Ao mesmo tempo, mostraram-se agradavelmente surpresos com o teor do trabalho, valorizando-o e dando *feedback* positivo, ainda que informal, tanto para as orientadoras quanto para os colegas.

Como referencial teórico, subsidiaram essa abordagem: Freire (2014), que fala de autonomia e independência; Duarte (2000), que reflete sobre as diferentes realidades que se apresentam como contexto da(s) diferente(s) juventude(s); Krichesky (2008), que aborda a inclusão educativa dos adolescentes; Rascovan (2000), que trata do jovem depois da escola e de suas escolhas; e Sales, Matos e Leal (2004), que ponderam sobre a família, a política e o jovem.

Fundamentos do projeto

O medo do novo tem aprisionado os jovens/adolescentes de modo geral, levando-os a não se inserir no desconhecido. Invariavelmente, a insegurança os faz sentir que não conseguirão gerir o seu futuro; julgando não ser merecedores de oportunidades, adquirem o sentimento de não pertencimento.

Segundo Krichesky (2008, p. 84, tradução nossa),

> o medo é um mecanismo cuja principal consequência é "paralisar" quem dele padece. Assim, quem sente medo e não consegue vencê-lo fica preso e trata de não "sair" da situação em que encontra um pouco mais de segurança. Desse modo, o medo é um mecanismo muito poderoso em relação às ações das pessoas, e todos nós sabemos por experiência própria como é difícil vencê-lo e superá-lo.

Um dos propósitos do projeto foi assinalar que os medos devem ser superados e, sobretudo, que o enfrentamento dos temores impedirá a paralisia, que tem levado jovens/adolescentes ao conformismo e à acomodação, quando não a escolhas ligadas a trabalhos ilícitos e socialmente destrutivos, como o envolvimento com o tráfico de drogas. Assim, são de fundamental importância a atenção e a participação da família dos jovens, que nem sempre estão em condições de dar o apoio necessário, principalmente quando se trata da população menos favorecida socioeconomicamente.

Para Sales, Matos e Leal (2004, p. 266):

> [...] é a família responsável pelo cultivo da sociabilidade e das relações de reciprocidade, permitindo forjar identidades, projetos e histórias de vida. A fragilidade dos laços familiares atinge importantes raízes da vida dos indivíduos sociais.

No caso relatado, aparentemente nem sequer houve interesse das famílias em saber do que tratava o projeto, possivelmente porque não compreenderam a importância que este representaria na trajetória de vida de seus filhos, netos e sobrinhos, estudantes da escola em questão.

As famílias podem perder seu caráter de construtores de valores, sem a intenção de fechar portas para as escolhas profissionais de seus filhos, justamente no momento em que demonstram pouca estima pela escola e por projetos que possam auxiliá-los, impedindo-os de refletir acerca de tomadas de decisões para a vida profissional.

Krichesky (2008, p. 83, tradução nossa) afirma que

> adultos e jovens podem ser aqueles que constroem oportunidades de inclusão educacional ou aqueles que as impedem. Professores, não professores, gerentes, membros de organizações comunitárias, até mesmo pais e familiares, são às vezes os que fecham a porta para a tentativa — possivelmente muito frágil — de um jovem que pretende voltar a estudar.

No sistema educacional brasileiro, de modo geral, o jovem/adolescente tem pouco acesso e espaço para manifestar seus pensamentos, desejos e expor suas indagações. Esse ser em transformação e em permanente construção é tratado como quem não tem capacidade de autogestão.

Quando se inicia a fase em que o jovem realiza escolhas quanto ao seu futuro pessoal e profissional, os conflitos e a falta de referências apontam para caminhos de dúvida e incertezas. As escolhas planejadas e alicerçadas nas experiências adquiridas até então poderão levar os jovens à realização profissional com maior segurança.

A fase de transição para o ensino médio assinala mudanças de comportamento e aumento de responsabilidades. É nesse momento que os jovens/adolescentes mais sentem necessidade de ir em busca de referenciais para decidir sobre seu futuro profissional.

Juventudes, sociedade e trabalho: a importância da orientação profissional

O jovem/adolescente está inserido na sociedade e atua nela, faz parte das instituições coletivas, adquire conhecimentos, transforma e é transformado. As informações sobre o mundo laboral devem chegar até ele, de forma que este consiga realizar suas escolhas conscientemente e de forma autônoma. O mercado de trabalho atual está em busca de pessoas dinâmicas, solidárias, com espírito de liderança e que saibam trabalhar em equipe. Esses aspectos foram considerados durante todo o processo, tanto no momento das atividades propostas quanto nas palestras ministradas.

Quanto à introdução na sociedade, Duarte (2000, p. 81) salienta que

> por este processo vamos sendo introduzidos nas instituições sociais e assimilando as teorias que as legitimam. Isto significa a aquisição de conhecimentos de funções e de papéis específicos, direta ou indiretamente decorrentes da divisão do trabalho e do conhecimento.

O acesso ao mundo laboral não passa somente por escolhas pessoais; depende também da procura e da oferta do mercado de trabalho. Estar preparado e qualificado é fundamental para a busca de emprego. Atitudes positivas, autoestima e humildade colaboram e acentuam a confiança necessária para as primeiras entrevistas.

Rascovan (2000, p. 231, tradução nossa) considera que

> a chave para a procura de emprego é, em primeiro lugar, a atitude com que essa procura é feita. Ter uma atitude positiva, confiança, curiosidade, interesse e humildade constituem, sem dúvida, o melhor começo.

O jovem/adolescente que já recebeu orientação sobre o cuidado nas escolhas profissionais poderá refletir sobre reais sentimentos, desejos e sonhos para seu futuro, considerando o que realmente busca como profissão. Segundo Rascovan (2000, p. 232, tradução nossa), o jovem, ao começar a projetar seu futuro, necessita atentar para dois aspectos fundamentais: "O que quero fazer e quem quero ser. [...] A busca deve começar com a seguinte pergunta: o que quero para meu futuro?"

Nesse contexto, é necessário que os jovens sigam certos critérios nas escolhas profissionais e na construção dos projetos de vida, devendo estar acessíveis às mudanças constantes impostas pela sociedade. Na visão de Rascovan (2000, p. 22, tradução nossa), "a escolha de um projeto de vida está sujeita e aberta à mudança. Como não seria assim em uma sociedade que se transforma vertiginosamente? Seria como afirmar: tudo muda, menos eu".

Desse modo, além de permitir reflexões sobre o projeto de vida, é fundamental alertar os jovens sobre a realidade do mundo do trabalho — e essa também foi uma das preocupações das organizadoras do projeto. Explanar sobre trabalho formal e informal e direitos trabalhistas — como carteira profissional, décimo terceiro salário, fundo de garantia por tempo de serviço e INSS — é de extrema importância, sobretudo para aqueles que a qualquer momento podem ingressar no mundo laboral, mesmo sem completar a escolarização ou ingressar em cursos de nível superior.

O lúdico também é recomendado e traz efeitos positivos para os trabalhos e dinâmicas realizados com jovens/adolescentes. É o caso, por exemplo, da troca de papéis em simulações de entrevistas de emprego. Essa metodologia auxilia na descontração e leva os sujeitos a se desinibir, se conhecer melhor, respeitar e aceitar o outro, além de abrir fronteiras quanto à tomada de decisões, por meio de conversas informais e reflexões sobre si e sobre a realidade laboral.

O projeto tinha como objetivo principal trabalhar com estudantes do nono ano suas capacidades e possibilidades de realizar escolhas, para que avançassem na busca de seus projetos de vida e profissionais, mesmo estando inseridos em um meio social excludente. Partiu-se do princípio de que as políticas públicas em educação no Brasil não preparam a população juvenil para o mundo do trabalho.

A reconhecida evasão escolar no ensino médio, ligada à necessidade do estudante de trabalhar para suprir dificuldades financeiras próprias e familiares, indica a importância de debater o mundo laboral, complementada pela reflexão e pelo início da construção de um projeto de vida/profissional. Também é fundamental oportunizar aos estudantes informações sobre programas de governo que propiciam o prolongamento da escolaridade e a capacitação para o trabalho, em seus diferentes níveis.

Sobre o desenvolvimento do projeto

Cumprindo com os objetivos propostos, o projeto trabalhou com os jovens/adolescentes a necessidade de pensarem em seu projeto de vida, no momento da conclusão do ensino fundamental e da véspera de ingresso no ensino médio — regular ou profissionalizante — com vistas ou não à universidade. Mostrar a que cursos podem ter acesso desmistifica a ideia de que, por pertencerem a um grupo social menos favorecido economicamente, não conseguirão ter uma vida diferente.

É agindo e sofrendo a ação do meio que os indivíduos se humanizam e se identificam em determinada sociedade.

Tornam-se sujeitos que influenciam o meio e por ele são influenciados, numa relação dialética de construção recíproca. No caso da população escolhida para ser beneficiada pelo projeto em questão, houve uma especificidade importante, que diz respeito à origem da escola.

A Escola Municipal de Ensino Básico Mutirão (Emeb Mutirão) está localizada em Lages (SC), em um bairro idealizado e concretizado por meio de parcerias entre moradores e a administração municipal, de 1976 a 1982[1]. A referida administração apontou possibilidades sólidas de conquistas pelo grupo social; mesmo arcando com crise de recursos, procurou atender às reais necessidades da população em relação à qualidade de vida. E assim foi fundado o bairro Habitação.

Este se originou da necessidade de retirar as pessoas mais carentes das margens ribeirinhas da cidade, além de atender à demanda de moradores advindos dos arredores de Lages, que, devido à dificuldade de viver no campo, se movimentaram para a cidade em busca de emprego e moradia. Assim, foi constituído e construído a partir de 1978 pelos próprios moradores por meio do sistema de mutirão, constituindo um espaço de solidariedade. O bairro conta, segundo dados do Censo 2014, com 3.695 moradores e tem escola, creches, igrejas, farmácias e centros comerciais e comunitários.

A Emeb Mutirão também foi construída pelos próprios moradores nesse mesmo ano, atendendo a uma clientela de

1. Eleito para governar durante quatro anos, Dirceu Carneiro teve seu mandato prorrogado por mais dois anos em função de um decreto que adiou as eleições municipais para 1982. Ferreira, Ana Luíza S. Souto. *Lages: um jeito de governar.* São Paulo: Pólis, 1991.

cerca de 800 estudantes, distribuída em ensino fundamental I e II, advindos também de bairros adjacentes.

Com a criação e implantação do projeto, em 2014, buscou-se formas de auxiliar a reverter um quadro de desmotivação e pouco interesse por parte de alguns estudantes do nono ano. Somando-se a isso, consideraram-se os dados do censo escolar da referida escola, que revelaram baixos índices no Ideb[2], concretizados por crescente evasão e reprovação.

A escola aceitou a proposta do projeto e se engajou com disponibilidade de espaço e tempo, propiciando boas parcerias. O engajamento deu ao projeto uniformidade e êxito, mesmo que parcial, dos primeiros contatos com a comunidade escolar até sua conclusão.

O projeto em ação

Realizado em 2014[3]

O intuito do projeto nesse período foi formar dois grupos de até 25 integrantes. Visava-se realizar um total de oito

2. O Índice de Desenvolvimento da Educação Básica (Ideb) foi criado pelo Instituto Nacional de Estudos e Pesquisas Educacionais Anísio Teixeira (Inep) em 2007 e representa a iniciativa pioneira de reunir em um só indicador dois conceitos igualmente importantes para a qualidade da educação: fluxo escolar e médias de desempenho nas avaliações. Ele agrega a possibilidade de resultados sintéticos, facilmente assimiláveis, que permitam traçar metas de qualidade educacional para os sistemas. O indicador é calculado com base nos dados sobre aprovação escolar, obtidos no Censo Escolar, e nas médias de desempenho nas avaliações do Inep, o Saeb — para as unidades da federação e para o país — e a Prova Brasil — para os municípios.

3. Esse projeto foi apresentado no XII Congresso Nacional de Educação (Educere), realizado na PUC-PR, entre 26 e 29 de outubro de 2015, situado no Grupo de Trabalho Educação, Complexidade e Transdisciplinaridade, e consta em seus anais.

encontros, com duração de 90 minutos cada, totalizando 12 horas de trabalho.

As atividades eram desenvolvidas em contraturno, abrindo exceção para interessados do período noturno, com a condição de que participassem com o consentimento do professor do primeiro período, responsabilizando-se pelos estudos fora de sala de aula. O público-alvo a ser atingido totalizava 110 estudantes, pertencentes a quatro turmas do nono ano, matriculados nos períodos matutino, vespertino e noturno, para os quais foram oferecidos 50 vagas de acesso ao processo de OP.

A divulgação do projeto foi realizada em todos os segmentos da comunidade escolar, oportunizando-se momentos diferenciados para esclarecimentos e reflexões acerca dele, envolvendo professores, pais, direção e coordenação.

Foi efetivamente constituída uma turma de 15 estudantes, representando pouco mais de 10% do total de alunos previstos. Correspondendo à histórica evasão presente na Emeb em questão, o mesmo ocorreu com o projeto: somente oito estudantes o concluíram. Houve o cuidado de enviar as atividades aos que não compareciam aos encontros, para ser realizadas em casa, porém não se obteve êxito.

Considerando e priorizando a importância da participação e do envolvimento das famílias no desenvolvimento do projeto, estas foram convidadas a participar de reunião, porém não compareceram — embora tenham sido enviados convites por escrito, com antecedência adequada, por meio dos estudantes.

A persistência quanto aos horários e objetivos do projeto e o alerta sobre a importância da participação foram realizados de forma contínua, atingindo a todos os segmentos envolvidos na comunidade escolar, por meio de bilhetes, carta-convite e encontros introdutórios esclarecedores do processo, por segmentos: familiares, docentes e alunos. Um encontro com todos os docentes da escola realizou-se quando da Parada Pedagógica bimestral, tendo como finalidade a capacitação dos professores.

Os encontros propostos aos estudantes foram idealizados priorizando sensibilizar o coletivo da escola, acolhendo-os e considerando as reais necessidades dessa parcela da sociedade. Krichesky (2008, p. 105, tradução nossa) lembra: "Quem são? O que esperam? O que temem? Que apoio material e subjetivo os perpassa? Como se relacionam com o próprio futuro"?

Oportunizar aos jovens/adolescentes novos espaços de reflexão sobre seus projetos de vida, buscando preencher lacunas e desvendar fronteiras, acompanhou as expectativas do grupo que organizou esse projeto, possibilitando um novo olhar sobre si mesmos e sobre o mundo do trabalho.

A apresentação dos participantes foi realizada no primeiro encontro, por meio de dinâmicas, visando ao conhecimento recíproco do grupo. Em seguida, realizou-se a entrega de materiais como pastas, crachás, lápis, canetinhas e mensagem inicial. Solicitou-se que cada um escrevesse nos crachás seu nome, apelido ou como gostaria de ser chamado, constituindo-se um momento de descontração e interação.

Visando a um convívio adequado nos encontros e ao respeito às individualidades, percebeu-se a importância de construir um contrato de convivência. As manifestações do grupo nesse momento foram: respeito; união; colaboração; educação; trocas; comprometimento; construir confiança; ser feliz; saber ouvir; saber falar na hora certa; manter o celular desligado ou silencioso. Estas comprovam que os jovens/adolescentes sentem necessidade de referenciais nos quais possam se espelhar e arquitetar seus ideais de vida; assim, compete aos adultos procurar ser modelos na transmissão de valores e conhecimentos para eles.

Rascovan (2000, p. 231, tradução nossa) corrobora com esse pensamento quando diz que

> a transmissão de experiências permite identificar aspectos comuns, reconhecendo certas constantes do momento histórico e da sociedade em que vivemos. A partir daí, convidaremos os jovens a distinguir suas particularidades, aquelas que têm um caráter estritamente pessoal.

Os métodos e técnicas utilizados nos encontros se constituíram de forma que levassem o grupo a refletir sobre seus sentimentos, seus sonhos e anseios e, sobretudo, suas escolhas profissionais. Atividades voltadas para a valorização do jovem fizeram parte do processo de dinâmicas do projeto, levando os estudantes a lidar com seus temores e a conseguir se expor perante o outro, manifestando pensamentos e desejos.

A avaliação do projeto pelos participantes foi positiva. Além do que vivenciaram durante os encontros, eles mencionaram a oportunidade que tiveram de obter conhecimentos de que poderão lançar mão quando ingressarem no mundo do trabalho.

As falas dos estudantes reforçam que conhecer para transformar, refletir e realizar escolhas conscientemente sobre projetos de vida e tomada de decisões quanto ao mundo do trabalho aumenta as chances de um universo laboral com trabalhadores mais realizados e satisfeitos.

Conclui-se que os objetivos dessa etapa do projeto foram parcialmente alcançados, visto o número de pessoas atingidas diante da oferta de vagas. Daí surgiu a reflexão sobre a necessidade de dar continuidade a projetos que alcançassem um número significativo de jovens/adolescentes, o que ficou como aprendizagem e propósito visando à continuidade no ano seguinte.

Realizado em 2015

Diante dos resultados obtidos com o projeto de 2014, uma reformulação de base foi necessária. Assim, em 2015 houve reuniões com a direção da escola e ficou estabelecido que os encontros seriam realizados durante o horário escolar, contanto que os professores cedessem seu horário de modo equitativo, somando 12 horas/aula, como em 2014, mas distribuídas em três blocos de quatro horas/aula.

Houve o cuidado, como no ano anterior, de apresentar o projeto ao corpo docente da escola, incluindo os professores de nono ano, para que conhecessem a proposta. Essa estratégia foi fundamental, uma vez que todos compreenderam os objetivos da direção ao acolher o trabalho de OP.

Tratou-se de uma experiência claramente diferenciada da que ocorreu em 2014, pois foram unânimes a participação dos estudantes e a positividade consequente em termos de aproveitamento nas turmas trabalhadas. Também se atingiu um número significativamente maior de alunos, mudando inclusive o panorama do efeito do programa na escola e até no âmbito da família dos estudantes.

Foi possível trabalhar efetivamente os grupos em cada sala de aula, compartilhando atividades e dinâmicas que auxiliaram no desvendamento de suas realidades e particularidades, por meio de noções sobre responsabilidade, compromisso e seriedade nas escolhas profissionais.

Percebeu-se que, por meio da exposição de diferentes profissões — atividade que foi trazida aos estudantes de modo estruturado e em parceria com instituições —, os jovens/adolescentes refletiram sobre elas e conseguiram fazer suas escolhas momentaneamente. Também se pôde constatar que muitos deles já têm noção da profissão que desejam seguir e permaneceram firmes quanto às suas escolhas. Entre vários comentários e falas individuais dos estudantes, destaca-se um em particular. Quando apresentadas várias modalidades de profissão e solicitado que assinalassem sua escolha profissional, a jovem/adolescente *Jasmim* (nome fictício para preservar o sigilo) deu a seguinte resposta: "A gente deve pensar no futuro desde já. Às vezes eu penso e fico com medo, mas tem de fazer um esforço. Foi bom pra refletir, antes eu não pensava nessas coisas. Acho que quero ser bombeira".

É importante ressaltar que entre as palestras com profissionais oferecidas oportunizou-se uma ministrada por um policial de carreira, que apresentou aos jovens/adolescentes referenciais que elucidaram temas como o ingresso e a ascensão salarial nessa profissão. O foco da palestra fixou-se na valorização da continuidade dos estudos e na importância de se reciclar continuamente, priorizando o trabalho e a formação como meios de atualização constante. O mundo laboral é competitivo e seletivo, e a sociedade exerce cobranças e pressões sobre os indivíduos quanto à qualificação ao ingressar no mundo do trabalho sob a égide do sistema capitalista.

Alguns dos sujeitos desse projeto apresentaram dúvidas quanto às escolhas profissionais. Porém, por meio das atividades e dinâmicas oferecidas, receberam os primeiros referenciais para refletir sobre o futuro, o que foi estendido também aos seus familiares, sendo-lhes entregues panfletos e cartilhas com informações sobre cursos direcionados ao ensino médio e profissionalizante na cidade de Lages, como o Centro de Educação Profissional (Cedup), o Instituto Federal de Santa Catarina (IFSC) e o Serviço Nacional de Aprendizagem Comercial (Senac). Considerou-se relevante essa atividade, pois alguns deles realizaram escolhas profissionais com base nesse conhecimento, gratificando os organizadores quanto aos objetivos propostos.

Cientes da importância de apresentar aos estudantes o máximo de subsídios possíveis, referenciando a fase de tomadas de decisões quanto ao ingresso no mundo laboral, foi possível realizar, por meio de parceria com o Senac, a palestra intitulada "Despertando para o mercado de trabalho". Na ocasião, o palestrante abordou assuntos como habilidades, solidariedade, qualificação profissional e competitividade. Também foram trabalhados temas sobre pesquisa e ferramentas tecnológicas, confecção de currículos, cuidados e comportamentos nas entrevistas de emprego[4]. Por fim, os alunos assistiram a um vídeo motivacional.

Considerações finais

Levando em conta a proposta e a intervenção aqui apresentadas, fica claro que, além do comprometimento com a prorrogação da escolaridade, o grande norte desse projeto reside em propiciar aos jovens estudantes uma ampla gama de informações sobre conhecimentos e capacitações oferecidos em sua comunidade, para que, por desconhecimento, não deixem de aproveitar oportunidades de gerir da melhor forma seu presente e seu futuro. E julga-se fundamental que se desvende nos jovens um novo olhar, que permita ampliar seu autoconhecimento e o conhecimento da realidade laboral, o que poderá contribuir para sua inserção e permanência como cidadãos profissionais na sociedade local.

Percebeu-se que a grande maioria dos jovens/adolescentes ainda não está preparada para refletir sobre as escolhas a respeito de seus projetos de vida. Em 2014, os alunos não mostraram interesse em participar do processo, embora necessidades da vida cotidiana dificultassem tal participação quando o trabalho foi realizado no contraturno escolar.

Já em 2015, quando desenvolvido durante o período das aulas, participaram sem as intercorrências da vida privada, mas, em muitos casos, o envolvimento foi pequeno e somente por insistência dos responsáveis. Os poucos interessados, à medida que os encontros se sucediam, permitiram-se

4. Apostila: *Escolha profissional: o ingresso no mundo do trabalho — Orientações práticas para ajudar em suas decisões*. Florianópolis: IFSC, 2014.

refletir sobre o futuro profissional, envolvendo-se nas palestras, nas discussões e nos exercícios específicos propostos.

Quanto aos autores e promotores do processo, a sensação de dever cumprido mesclou-se com sentimentos de impotência quando não obtiveram uma maior adesão dos estudantes e de seus familiares aos encontros e reuniões. No entanto, acreditam que cumpriram seu dever social, abrindo novos espaços para pesquisas e projetos que envolvam temas relacionados a esse público.

Os resultados mostraram que o caminho a ser trilhado é longo, mas há espaço para que pesquisadores promovam e ampliem o acesso desse público ao mundo laboral e favoreçam projetos de vida das camadas sociais que não se encontram em situação privilegiada. Trata-se de um caminho que ainda necessita se desenvolver, dada a falta de políticas públicas que facilitem o trabalho com orientação profissional nas escolas do sistema público de ensino. Essa tarefa certamente terá de ser assumida pelos orientadores profissionais, detentores do conhecimento e das reais possibilidades de ajuda a jovens e adultos.

Quanto aos jovens a ser atingidos pelo trabalho de orientação profissional, pode-se afirmar que se trata de seres históricos, criativos e inovadores, que genuinamente têm potencial para traçar o caminho da realização pessoal — a qual inclui também a profissional. Embora a inserção profissional não seja um processo fácil, por meio do exercício da consciência os trabalhadores podem atuar na sociedade onde estão inseridos de modo que contribuam com sua construção, num processo de interação com seu meio.

E, por meio da interação com o seu grupo social, cada indivíduo poderá se envolver nele de modo construtivo, buscando, com o uso da consciência e de forma ativa e comprometida, se posicionar e criar, com seus valores e critérios, a própria realização. No entanto, isso só ocorrerá de fato se o cidadão adquirir consciência do assunto desde o início da escolarização. Esse é efetivamente o papel a ser assumido pelo sistema educacional na formação dos futuros adultos.

Referências

DUARTE, J. F. J. *O que é a realidade*. São Paulo: Brasiliense, 2000.
FREIRE, P. *Pedagogia do oprimido*. 57. ed. rev. e atual. Rio de Janeiro: Paz e Terra, 2014.
KRICHESKY, M. *Adolescente y inclusión educativa: un derecho en cuestión*. Buenos Aires: Centro de Publicaciones Educativas y Material Didáctico, 2008.
RASCOVAN, S. *Los jóvenes y el futuro: después de la escuela... que?* Buenos Aires: Psicoteca, 2000.
SALES, M. A.; MATOS, M. C. de; LEAL, M. C. (orgs.). *Política social, família e juventude: uma questão de direitos*. São Paulo: Cortez, 2004.

ORIENTAÇÃO PROFISSIONAL NO ENSINO MÉDIO: O ENVOLVIMENTO DO PROFESSOR NA ESCOLHA PROFISSIONAL DE ESTUDANTES DE TERCEIRO ANO

Maria Teresa Mandelli
Andréa Paula Mosqueta
Marilu Diez Lisboa

04

NO PROCESSO DE escolha profissional o jovem não percebe os múltiplos fatores que a determinam, tais como políticos, econômicos, sociais, educacionais e psicológicos. Assim, observa-se um desconhecimento não somente quanto a determinantes externos, mas, também, a fatores internos, subjetivos, que se fazem fundamentais para a escolha de uma futura profissão (Soares, 2002).

Nesse âmbito, a psicologia vocacional tem contribuído para a realização de processos de orientação profissional eficazes, mas ainda não se faz suficiente sua integração com outras áreas do conhecimento, como a pedagogia, a sociologia e a economia. Diante dessa questão, pensamos em explorar o envolvimento e o comprometimento que o professor ocupa nesse processo, por compreendermos sua possibilidade de "ensinar seus alunos para a vida". Segundo Freitas (2006), existem poucos estudos nas áreas da psicologia e da educação que abordam a importância do professor na formação e construção de aspectos afetivos, sociais e culturais do sujeito, entre outros que envolvem a constituição de sua identidade. Assim também ocorre na área específica de orientação profissional, por meio da relação professor-aluno.

Este capítulo pretende expor um estudo realizado como trabalho de conclusão de curso, exigência do Curso de Formação em Orientação Profissional e de Carreira — *A facilitação da escolha*, baseado em pesquisa para a obtenção do título de mestre.[1] O TCC foi orientado pela professora doutora Marilu Diez Lisboa, docente e coordenadora do referido curso.

O trabalho teve como objetivo geral compreender o envolvimento e o comprometimento de professores do terceiro ano do ensino médio, pertencentes a duas escolas particulares e uma pública de Florianópolis (SC), no processo de escolha profissional de seus alunos. Foram definidos como objetivos específicos: investigar o papel que ocupam esses professores na escolha profissional de seus alunos; averiguar sua compreensão sobre o que seja essa escolha; e conhecer seu entendimento quanto à prática de OP nas escolas.

Ao compartilhar com o professor informações e subsídios teóricos e práticos relacionados com a escolha profissional, o orientador profissional está ampliando o campo de trabalho de OP. Além disso, pode proporcionar ao docente a reflexão orientada sobre a contribuição social da sua profissão, por meio da participação consciente no processo de escolha de seus alunos.

O que diz a teoria

A necessidade do jovem de assumir compromissos e colocar-se diante da vida adulta significa uma profunda mudança

1. Veja Freitas (2006).

de seu papel no mundo, levando-o a questionamentos, dúvidas e incertezas que não se restringem somente ao plano profissional. Ele não busca apenas garantias de sucesso ou segurança financeira, mas, também, algo que se harmonize com sua identidade e autoimagem e lhe proporcione satisfação e realização pessoal (Tractenberg, 2002).

No entanto, cada vez mais a sociedade valoriza o aspecto econômico e o *status* social em detrimento da realização pessoal e do compromisso que o indivíduo possa ter com sua prática profissional, reforçando uma concepção meritocrática pautada no individualismo. Os fatores sociais e econômicos certamente têm seu peso na escolha de uma profissão, e cabe aos orientadores profissionais e a quem mais se envolver com o tema — na presente discussão, os professores — observar outros fatores além dos pessoais, psicológicos e familiares dos orientandos.

O sociólogo francês Claude Dubar (*apud* Burnier, 2007, p. 347)

> enfatiza a identidade humana como construção, a um só tempo individual e coletiva, associada ao processo de intervenção dos indivíduos sobre si mesmos e a diversos fatores externos, entre eles as visões de mundo construídas socialmente, de acordo com a cultura em que vivem.

A formação da identidade é um processo que se dá por meio das relações entre pessoas que desempenham papéis importantes na vida de cada sujeito, tais como pais, familiares, amigos e professores. A escola se constitui numa instituição responsável pela formação da identidade do sujeito desde a mais tenra idade, tornando-se responsável, assim como a família, por sua socialização primária. Segundo Berger e Luckmann (2014), essa etapa da formação da identidade é regida por forte carga afetiva e, portanto, constituinte de sentidos e sentimentos profundos que se perpetuarão ao longo de seu desenvolvimento. A socialização secundária, por sua vez, é responsável por levar o indivíduo à vivência do que seja a introjeção de realidades também afetivas, acrescidas das cognitivas e normativas, representando a interiorização dos submundos baseados nas instituições (Lisboa, 2017). Diante disso, é importante considerar o papel da escola na continuidade do processo evolutivo do sujeito, tanto no momento da socialização primária quanto no da secundária.

Segundo Ferreira, Nascimento e Fontaine (2009), a escola é o lugar que propicia o desenvolvimento vocacional. É ali que os jovens aprendem, ampliam interesses, gostos e valores e desenvolvem competências. Ao mesmo tempo, na escola os professores são como figuras importantes nesse desenvolvimento.

Diante das exigências advindas dos processos seletivos para ingresso no ensino superior — vestibular e Exame Nacional do Ensino Médio (Enem) —, os conteúdos teóricos trabalhados no ensino médio se restringem cada vez mais aos conhecimentos exigidos nesses processos. Ao mesmo tempo, constata-se pouca integração entre teoria e prática, o que dá ao jovem uma visão linear da escolha profissional, na qual ele tem como principal referência as disciplinas nas quais se destacou ou se destaca durante a escolarização — o que não levará necessariamente a uma satisfação profissional futura.

Observa-se ainda que não existe, em regra — ou ocorre minimamente —, a interface entre o processo educacional — responsabilidade da escola — e a realidade do trabalho — o que o mundo profissional propõe e exige. Faz-se importante a incorporação da prática pedagógica visando ao trabalho como um componente fundamental no futuro do sujeito, bem como caminho para a construção e a transformação social.

Considerando essa realidade, a OP deve contribuir para a ampliação do conhecimento do mundo, desenvolvendo competências para que o jovem transite com mais segurança no mundo da educação e do trabalho, propiciando escolhas mais saudáveis, autênticas e bem fundamentadas. A escolha deve se constituir de maneira fenomenológica, trabalhando fatos e questões reais para o orientando, ultrapassando o "laboratório das aptidões e potenciais".

A Lei de Diretriz de Bases da Educação Nacional (Brasil, 1996), em seu artigo 36, explicita que o ensino médio é a "etapa final da educação básica", o que concorre para a construção da identidade do jovem, assegurando a todos os cidadãos a oportunidade de consolidar e aprofundar os conhecimentos adquiridos no ensino fundamental; possibilitar o prosseguimento dos estudos; garantir a preparação básica para o trabalho e a cidadania; dotar o indivíduo de instrumentos que lhe permitam "continuar aprendendo". Na perspectiva da LDB (Brasil, 1996, art. 1º, § 2º) o ensino médio como parte da educação escolar "deverá vincular-se ao mundo do trabalho e à prática social". Esse vínculo deve guiar toda a prática educativa escolar para oferecer, de forma articulada, uma educação equilibrada. O trabalho do docente, segundo Pereira, Pereira e Santos (2007), é um fator importante na construção da identidade do estudante.

É no dia a dia da escola que se dá a construção da identidade: tanto a do estudante, que é reconstruída a cada momento, a cada interação e conhecimento apreendido, como a do docente no seu compromisso social. Assim, o professor se constrói em suas relações diárias com a sociedade, com a instituição, com seus alunos, com todas as implicações políticas e as condições do seu trabalho. Essas interações são vividas na relação professor-aluno e na construção da identidade pessoal e profissional de ambos.

Conforme Silva (2000, p. 25), "o professor é um construtor de cultura e de saberes e, ao mesmo tempo, é construído por eles". Ele vive em integração com seus pares, dentro de uma cotidianidade, participando dela com todos os aspectos de sua personalidade, do seu trabalho, lazer, atividade social e intelectual. Considerando as ideias dessa autora, o professor é uma pessoa que constrói, na sua vida e na sua formação, sua visão de mundo. Tal visão vai constituindo seu mundo representacional e suas crenças, categorias essas vistas como parte de sua cultura pessoal e profissional, definindo tanto seu pensamento quanto sua ação.

O significado do trabalho docente é instituído pela finalidade de ensinar, ou seja, o professor é o agente mediador entre o processo de apropriação do conhecimento pelo aluno e os sentidos da prática social humana.

Pinto, Taveira e Fernandes (2003, p. 38) realizaram um estudo que buscou compreender a influência dos professores no desenvolvimento vocacional dos estudantes:

> [...] a centralidade da figura do professor nesse processo, a sua presença frequente junto dos estudantes, a sua eleição como figura significativa, amigável ou hostil, constituem elementos potencializadores dessa influência que os educadores reconhecem, sem muitas vezes a compreender.

O trabalho humano é um aspecto substantivo de toda questão social, portanto a preparação para ele é fundamental da educação. Nesse sentido, acreditamos que a inserção da OP no contexto educacional seja um dos caminhos da construção de uma sociedade muito mais realizada profissionalmente, na qual o trabalho seja encarado como um meio de realização pessoal e não apenas de sobrevivência e participação social por meio do poder de consumo.

A realização da pesquisa

Com abordagem e análise de cunho qualitativo, o presente estudo se propôs a investigar o envolvimento e o comprometimento dos professores do terceiro ano do ensino médio na escolha profissional de seus alunos, por entender que os docentes se tornam figuras de identificação na construção da identidade dos jovens estudantes.

Foram selecionados cinco professores de escolas de Santa Catarina: dois de colégios particulares e cursos pré-vestibulares e três de uma escola pública estadual de Florianópolis. Todos tinham experiência superior a dez anos como professores do ensino médio.

A faixa etária dos docentes ia de 30 a 49 anos e a experiência profissional no magistério, de 10 a 32 anos. Os professores da escola pública trabalhavam com o ensino médio apenas naquela instituição, enquanto os da escola particular atuavam também em cursos pré-vestibulares. Sua carga horária variava entre 30 e 60h\aula por semana. Todos tinham formação superior em sua disciplina: dois na área de exatas (Matemática e Física) e três na área de humanas (História, Geografia e Literatura). Todos haviam cursado ou estavam cursando pós-graduações, por considerarem que a construção profissional deve ser concebida como um processo contínuo.

A abordagem adotada para análise dos dados foi qualitativa, aprofundando-se nos significados das ações e relações humanas (Minayo, 2010).

A coleta dos dados deu-se por entrevista semiestruturada, gravada com a concordância prévia dos sujeitos, que assinaram o termo de consentimento livre e esclarecido. A análise do material deu-se pelo método da análise de conteúdo, proposto por Laurence Bardin. Segundo a autora, (2011, p. 37) trata-se "de um conjunto de técnicas de análise das comunicações. [...] um único instrumento, mas marcado por uma grande disparidade de formas e adaptável a um campo de aplicação muito vasto: as comunicações". Caracteriza-se por ser um processo dedutivo e inferencial, com base em índices ou indicadores. Situa-se como uma análise dos significados e dos significantes, aproximando questões subjetivas a fim de evidenciar, com objetividade, os conteúdos expressos pelos sujeitos.

Discutindo os resultados

A caracterização dos professores foi o ponto de partida da investigação, identificando-os em sua identidade pessoal e profissional, formação e experiência e enfatizando o desempenho profissional no ensino médio.

Considerando suas trajetórias em relação à escolha profissional, dois professores relataram ter iniciado outro curso superior antes de exercer a profissão atual.

Com respeito às categorias de análise encontradas, com base nos conteúdos trazidos pelos sujeitos de pesquisa, foi possível pontuar três categorias e seis subcategorias.

Categorias e subcategorias
1. O papel do professor na escolha profissional do aluno Informações sobre a compreensão e a participação do professor em relação à escolha profissional de seus alunos. a. O lugar do professor na escolha profissional dos alunos — Considerando a posição do professor, como educador, diante do projeto profissional dos alunos. b. A participação do professor na escolha profissional do aluno — Considerando as situações de influência e/ou referência na escolha profissional do aluno.
2. Compreensão do professor sobre a escolha profissional do aluno Abordando a abrangência da compreensão do professor quanto à escolha profissional dos alunos. a. Fatores determinantes da escolha — Apresentação de diversos fatores, de ordem econômica, familiar, *status*, mercado de trabalho, falta de informação, entre outros. b. Trajetória do professor e sua atuação —Histórias de professores que, ao falarem de si e da própria escolha, falam do outro.
3. Orientação profissional. Compreensão dos professores sobre a prática da OP. a. Orientação profissional na escola — Opiniões e sugestões dos professores sobre como viabilizar os trabalhos em OP na escola. b. O professor como orientador profissional na escola — Ideias dos professores sobre a possibilidade de trabalhar com OP nas escolas, como parte de seu papel profissional.

A primeira categoria revela informações sobre o lugar e a participação do docente em relação a esse processo. Os professores se reportam diretamente às dificuldades de escolher a profissão, parecendo não contemplá-la como um processo contínuo que vai da infância até a idade adulta. A escolha profissional só é focada no momento da eleição propriamente dita. As dificuldades trazidas estão relacionadas com a imaturidade para escolher (pouca idade), a falta de autonomia pela forte influência dos pais e da sociedade e a pouca informação sobre o mercado de trabalho e a atuação profissional. Quando o jovem estudante revela ao professor sua possível escolha, este percebe, na maioria dos casos, que o aluno está centrado apenas na busca de *status* social e financeiro, transformando o processo de escolha profissional em um dever ou obrigação e não em uma possibilidade de ser e estar no mundo e numa ampliação do processo de construção da identidade.

Sobre o lugar do professor na escolha profissional do aluno, os pesquisados o dividem em "lugar de influência" e "lugar de referência". O primeiro está diretamente ligado às situações em que o aluno acaba escolhendo a profissão por se identificar com alguma disciplina cursada, quando o professor, ao ministrar suas aulas, a relaciona com as possibilidades práticas de atuação profissional, e quando oferece informações diretamente ligadas à sua trajetória profissional. Cabe salientar que, ao levar informações sobre as profissões e o mercado de trabalho para a sala de aula, o professor pode se posicionar preconceituosamente diante de determinadas ocupações, tanto positiva como negativamente.

Já o lugar de referência está vinculado a uma relação afetiva e de identificação do aluno com a postura do professor. Este não atua intencionalmente no processo de escolha, mas assume uma postura individual, particular, com a qual o aluno se identifica. Aqui se configura um processo semelhante ao da socialização primária (Berger e Luckmann, 2014), sendo a subjetividade e a afetividade mais importantes que a questão institucional. O professor toma o lugar do "outro significativo", aquele que funciona como modelo e referência. Trata-se de reviver, em nível profissional, o que foi vivido em nível pessoal na dimensão familiar. Isso se configura como o nascer para a sociedade, onde o trabalho se torna central para o sujeito. Assim, do modelo dos pais, o jovem passa a valorizar o modelo do professor com o qual se identifica, independentemente de fatores objetivos ou intencionais por parte deste.

Os professores manifestaram um cuidado ao ocupar esses lugares, independentemente de ser de referência ou de influência, pois nem sempre estes contemplam a individualidade do outro. No entanto, eles compreendem que esses lugares fazem parte do "exercício docente". Nesse sentido, não podemos pensar na prática docente como um fenômeno de neutralidade, mas como pensamentos, informações, vivência e ideologias que o professor leva para a sala de aula e que podem servir como referência para a escolha profissional dos alunos.

Quanto à participação do professor na escolha profissional do aluno, os sujeitos da pesquisa relatam que não falam sobre suas escolhas e dificuldades, mas não perdem a oportunidade de abordar o assunto quando manifestado por um aluno. Eles o fazem diretamente quando incentivam o estudante a escolher o mesmo curso superior que o seu, projetando-lhes suas expectativas e seus preconceitos em relação a determinadas profissões. Entendemos que essa postura é muito diretiva e pouquíssimo ampliadora de possibilidades.

Já a participação indireta no processo de escolha se dá ao adotar uma postura menos influenciadora e mais de suporte e incentivo — lugar de referência —, percebendo no jovem algumas características que se sobressaem e reforçando-as como possibilidades profissionais. Entendemos que essa participação requer uma postura imparcial, de facilitação no processo de escolha, o que na compreensão das autoras é válida e enriquecedora.

A respeito da compreensão do professor sobre a escolha profissional do aluno, esta é traduzida em dois pontos de vista, sendo o primeiro mais voltado para uma prática clínica individual, associando as dúvidas e dificuldades do processo de escolha profissional a uma demanda para processos de psicoterapia individual. Nesse sentido, tal visão se construiu pela falta de informação sobre OP. O segundo ponto de vista apresentado pela maioria dos professores explica a OP como um processo que aborda múltiplos fatores que partem do contexto do jovem, inclusive o da importância do apoio emocional, já que o momento de escolha é vivenciado com muita angústia. Assim, é possível verificar que os professores valorizam a orientação profissional, compreendendo a importância e a necessidade desse trabalho para a facilitação da escolha profissional dos alunos.

Essa categoria se divide em: fatores determinantes da escolha e trajetória do professor e sua atuação.

Com relação às considerações dos professores acerca dos fatores determinantes da escolha, eles referem que família, *status* e falta de informação são os mais apontados, além de relatar as dificuldades pela questão da imaturidade e da pouca informação sobre o mercado de trabalho e a atuação profissional.

Sobre a trajetória do professor e sua atuação, os alunos frequentemente lhes perguntam como foi seu momento de escolha. Estes entendem esse fenômeno como uma possibilidade de dar ao jovem um suporte com dados da realidade sobre as diferenças nesse processo. Quando o professor relata sua experiência pessoal/profissional, ele ajuda o aluno a compreender que dúvidas e dificuldades são inerentes a qualquer processo de escolha profissional, vindo a confirmar que cada indivíduo tem uma caminhada singular, permeada por aspectos, de certa forma, universais. Além disso, a partir do momento em que o professor revê sua trajetória profissional, ele se aproxima da trajetória do aluno, compreendendo melhor as dificuldades deste ligadas à escolha.

Quanto à OP na escola, apenas um dos professores se mostrou descrente das vantagens desse trabalho — posição baseada, segundo ele, em experiências anteriores cujos resultados não foram percebidos. Aponta o trabalho apenas como um atrativo para aumentar o número de matrículas no cursinho, vinculado ao *marketing* da escola. Porém, a maioria dos professores contempla como positivo um trabalho de OP nas escolas. Para os docentes da rede pública, esse tema deveria ser assumido como um projeto educacional do governo, com inserção curricular a partir do nono ano. Por não terem acesso a esses trabalhos, eles valorizam ainda mais projetos nessa área, como uma possibilidade tanto curricular como extracurricular, com plantões pedagógicos e a inserção multiprofissional, oferecendo assistência integral ao aspecto biopsicossocial do jovem.

Em relação ao professor como orientador profissional na escola, a maioria se mostrou aberta a mais uma atribuição ao seu papel profissional. Os professores, por se identificarem como figuras presentes e significativas para os estudantes, têm potencialidade para participar da construção da identidade profissional de seus alunos. No entanto, consideram sua falta de preparo e de conhecimento para auxiliar com mais imparcialidade e neutralidade o processo de escolha do aluno. Levantam a necessidade de capacitação, na qual obtenham uma formação específica para desenvolver uma postura adequada de facilitação no processo de OP.

Considerações finais

A finalidade do presente estudo foi compreender o envolvimento e o comprometimento de professores de terceiro ano do ensino médio com relação à escolha profissional de seus alunos.

Ficou claro que existe, por parte dos pesquisados, a compreensão de sua importância como "lugar de influência" e "lugar de referência" para os alunos. Isso denota um envolvimento com a questão dessa escolha mesmo que este não seja intencional, mas como um desdobramento do exercício da docência.

Os pesquisados trazem como primeiro papel o lugar de influência, sendo ele o mais direto e dirigido ao aluno no que tange suas percepções e vivências; o segundo papel é o de lugar de referência, como uma ajuda efetiva, uma vez que abre caminhos como possibilidade de observação e identificação dos alunos com a figura do professor.

Os professores também veem sua participação como uma possibilidade de interação e vivência com os alunos, como oportunidade de aprendizado para ambas as partes. Afirmam, ainda, que sua participação se dá de forma direta e indireta, correlacionando-a ao seu lugar na escolha profissional dos alunos, como de influência e referência, respectivamente. Assim, valorizam a participação indireta em detrimento da direta, por acreditarem na eficácia de uma postura menos influenciadora. Esta possibilitaria uma participação de suporte e incentivo, ajudando os alunos a ampliar possibilidades e a realizar suas escolhas de forma autêntica.

Em relação à compreensão do professor sobre a escolha profissional de seus alunos, conclui-se que os docentes entendem o trabalho de OP como uma abordagem que envolve a construção da subjetividade em seu processo histórico. No entanto, eles não se veem com embasamento para conduzir esse processo com profundidade. Manifestam que cabe à área da psicologia essa responsabilidade.

No que concerne à realização de OP nas escolas, a maioria dos professores se mostrou favorável ao desenvolvimento de projetos nessa linha. Ficou claro que valorizam o trabalho de OP e se interessam em conhecer mais sobre ele, a fim de participar de forma mais consciente da escolha dos jovens alunos.

Diante do exposto, em função do potencial do docente como figura de identificação para os alunos, conclui-se que este tem envolvimento com o projeto de futuro dos estudantes. No entanto, os pesquisados manifestam que não estão devidamente preparados para assumir o papel de orientadores profissionais no âmbito educacional.

Nesse sentido, apontamos a necessidade de desenvolver um trabalho de formação de professores que lecionam a partir do nono ano do ensino fundamental, a fim de realizarem no cotidiano da escola a orientação profissional. Essa iniciativa transformaria os educadores em agentes multiplicadores do preparo dos jovens estudantes para o ingresso no mundo laboral. Tal proposta de formação docente fundamentaria o compromisso profissional e social dos professores, considerando que são agentes de transformação e ocupam lugar de referência na formação das novas gerações.

Outro ponto que sugerimos como substantivo nessa proposta de formação de professores seria ampliar os conhecimentos sobre o processo de escolha profissional e sobre todos os fatores que nele se fazem presentes. A liberdade de escolha e de elaboração de um projeto próprio de carreira está intimamente relacionada com a apropriação das influências recebidas na trajetória de vida, o que vai muito além da informação profissional e do autoconhecimento por meio de testes psicológicos. Portanto, a OP, tal como a compreendemos, se dá no cotidiano, de forma interdisciplinar, sendo a participação do professor fundamental.

Por fim, tal proposta de formação de professores como participantes do processo de orientação profissional na escola se justifica, uma vez que estes constituem uma referência para seus alunos. Assim, os orientadores profissionais, ao compartilhar seus saberes, contribuindo com a formação dos professores em OP, colocariam em prática seu compromisso com a área da educação, ampliando o alcance de sua ação.

Referências

BARDIN, L. *Análise de conteúdo*. 2. reimp. da 1. ed. São Paulo: Edições 70, 2011.

BERGER, P.; LUCKMANN, T. *A construção social da realidade*. 36. ed. Petrópolis: Vozes, 2014.

BRASIL. Lei de Diretrizes e Bases da Educação, n. 9.394, de 20 de dezembro de 1996. Disponível em: <http://www.planalto.gov.br/ccivil_03/LEIS/l9394.htm>. Acesso em: 18 maio 2018.

BURNIER, S. *et al.* "Histórias de vida de professores: o caso da educação profissional". *Revista Brasileira de Educação*, v. 12, n. 35, maio/ago. 2007.

FERREIRA, A. F.; NASCIMENTO, I.; FONTAINE, A. M. "O papel do professor na transmissão de representações acerca de questões vocacionais". *Revista Brasileira de Orientação Profissional*, v. 10, n. 2, 2009, p. 43-56.

FREITAS, P. M. de F. *Professores de curso pré-vestibulares e a escolha profissional de seus alunos: um estudo na cidade de Maringá — PR*. Dissertação (mestrado em Psicologia), Universidade Federal de Santa Catarina, Santa Catarina, 2006.

LISBOA, M. D. "Constituição da identidade ocupacional fundamentada em estudos da psicologia social". In: LISBOA, M. D.; SOARES, D. H. P. *Orientação profissional em Ação — Formação e prática de orientadores*. São Paulo: Summus, 2017, p. 61-85.

MINAYO, M. C. S. (org.). *Pesquisa social: teoria método e criatividade*. 29. ed. Petrópolis: Vozes, 2010.

PEREIRA, O. A. V.; PEREIRA, J. L. G.; SANTOS, A. G. dos. "Implicações das transformações no mundo do trabalho na profissão docente". Anais do VI Congresso de Letras — Linguagem e cultura: múltiplos olhares. Caratinga: Funec, 2007.

PINTO, H.; TAVEIRA, M. C.; FERNANDES, M. E. "Os professores e o desenvolvimento vocacional dos estudantes". *Revista Portuguesa de Educação*, v. 16, n. 1, Universidade do Minho, Portugal, 2003, p. 37-58.

SILVA, R. C. "O professor, seus saberes e suas crenças". In: GUARNIERI, M. R. (org.). *Aprendendo a ensinar: o caminho nada suave da docência*. Campinas: Autores Associados, 2000.

SOARES, D. H. P. *A escolha profissional do jovem ao adulto*. 2. ed. São Paulo: Summus, 2002.

TRACTENBERG, L. "Contribuições para inserção da orientação profissional e educacional nos currículos escolares". *Boletim Técnico do Senac*, v. 28, n. 3, 2002.

PARTE 3

SOBRE EDUCAÇÃO E TRABALHO: ORIENTAÇÃO PROFISSIONAL PARA ALÉM DAS ESCOLHAS

EDUCAÇÃO E TRABALHO: O ACESSO À FORMAÇÃO PROFISSIONAL TÉCNICA E SUPERIOR DE JOVENS EGRESSOS DO SISTEMA DE ENSINO PÚBLICO BRASILEIRO

CLÁUDIA BASSO
MARILU DIEZ LISBOA

05

Discussão preliminar

A maioria da população jovem brasileira não tem acesso à universidade, uma vez que a história da escolarização no Brasil está associada a uma sociedade altamente elitizada (Bianchetti, 1996).

Dados da pesquisa anual realizada pelo Departamento Intersindical de Estatística e Estudos Socioeconômicos (Dieese, 2015) sobre juventude estimam que a população jovem no Brasil se fixa em torno de 25,3% dos habitantes do país, correspondendo, em números absolutos, a 52,538 milhões de jovens[1]. Destes, 38,8% frequentavam o ensino superior (Pnad/IBGE, 2015; Inep/MEC, 2017).

1. Conforme definição de jovem convencionada em 1985 — ano internacional da juventude determinado pela Assembleia Geral da ONU —, adotada pelo Brasil até 2006, o jovem era alguém entre os 15 e 24 anos. Em 2006, passaram as ser considerados jovens aqueles entre 15 e 29 anos, assim compreendidos: adolescentes jovens (entre 15 e 17 anos), jovens (entre 18 e 24 anos) e jovens adultos (entre 25 e 29 anos). (Conferência Nacional de Políticas Públicas de Juventude. Diretrizes do Plano Nacional da Juventude da Câmara Legislativa Federal e do Conselho Nacional de Juventude, 2007).

Na realidade, são raros os alunos pertencentes ao sistema público de ensino brasileiro que conseguem ter acesso ao ensino superior. Isso ocorre, entre outras razões, por: ineficiência da escola pública brasileira, que não os prepara para o nível de conhecimento exigido para essa seleção, ou até mesmo para frequentar com base efetiva de conhecimento o ensino superior, salvo raras exceções; e por necessidade de manutenção econômica, o que os obriga a ingressar no mundo do trabalho precocemente e, em consequência, deixar a escola ou estudar com mais limitação de tempo e de aproveitamento. Essa população jovem dirige seus objetivos para a busca da empregabilidade e acaba abrindo mão dos estudos ou dirigindo-se para locais de ensino onde há oportunidades de ingresso por meio de programas governamentais e/ou sustentados pelas classes empresariais.

Constata-se no país uma inversão de posições sociais com relação à educação de nível superior: na maioria dos casos os jovens pertencentes às classes sociais mais privilegiadas frequentam as universidades públicas e os menos favorecidos econômica e socioculturalmente não alcançam esse nível de ensino pela falta de preparo efetivo — ou o fazem depois de ter ingressado no mundo do trabalho, custeando seus estudos em faculdades ou universidades privadas. Isso ocorre porque os mais favorecidos socioeconomicamente frequentam escolas particulares durante sua formação básica, instituições essas que estão mais bem preparadas e aparelhadas para fornecer as bases para o ingresso no ensino superior.

A realidade exposta revela um caminho histórico de desigualdade social, manifesto em uma dualidade do sistema educacional brasileiro, que se constituiu buscando uma educação para a elite e outra destinada às classes trabalhadoras. Dessa forma, criou-se a educação profissional, oferecida no sentido de propiciar qualificação, na forma de cursos direcionados ao mercado de trabalho, a estudantes e profissionais que buscavam ampliar sua empregabilidade.

O presente estudo se embasa no entendimento de juventude como um processo em construção, desnaturalizando sua apreensão com uma fase da vida que perpassa as classes sociais. Compreende-se que não existe uma juventude naturalizada, mas uma identidade juvenil construída na relação dialética subjetividade-objetividade.

A(s) juventude(s) que compõe(m) a sociedade brasileira

Na contemporaneidade, pode-se afirmar que não existe *uma* juventude brasileira, fazendo-se relevante adotar o conceito plural de juventude-juventudes (Bourdieu, 1983). Afinal, juventude não é apenas uma classificação etária: parte do desenvolvimento biológico e psíquico de uma fase da vida do sujeito. É preciso considerar que ela está circunscrita a um contexto de diversidades, o que significa que não se pode dissociar a constituição dos sujeitos — desde a infância, passando pela fase da juventude — do contexto histórico-socioeconômico-cultural ao qual pertencem.

O conceito de juventude é compreendido neste capítulo como fruto de diversos critérios, diferenciando-se da concepção de adolescência, advinda de uma tendência estrutural funcionalista (Aberastury e Knobel, 1992), em contraste com a compreensão sócio-histórica que embasa os conceitos aqui adotados.

Em entrevista concedida em 1978[2], Pierre Bourdieu deu início a um entendimento de juventude como pluralidade, assumindo uma postura crítica diante das posições homogêneas até então adotadas. Assim, deu início a um movimento que passou a conceber o termo *juventudes*, no plural (Mandelli, 2011). Ressalte-se que essa visão de juventude é absolutamente atual, dada a diversidade de vivências e oportunidades oferecidas às juventudes das diferentes classes sociais.

Para Quapper (2001), é importante conhecer a juventude com base nas questões sociais que determinam sua diversidade. Para ele, essa fase da vida é uma maneira de sobreviver à tensão existencial entre os direcionamentos da sociedade, que demanda que os jovens cumpram com as expectativas em relação ao mercado, às normas sociais vigentes, ao papel de futuros adultos. Assim, a forma de ser jovem varia de acordo com essas tensões (Mandelli, 2011).

Constata-se que as questões expostas sobre a concepção de juventudes(s) são acrescidas pelo favorecimento ou não do contexto no qual o jovem se encontra, gerando inquietações e a autorresponsabilização por seu "destino". Porém, ao contrário de uma visão personalista, existe um contexto que também determina as possibilidades de "escolha".

Sobre a profissionalização da(s) juventude(s) no Brasil contemporâneo

Com relação à profissionalização das juventudes, sobretudo no contexto turbulento atual, as propostas de OP destinadas

2. Entrevista concedida por Pierre Bourdieu a Anne-Marie Métailié, publicada em *Les jeunes et le premier empli*. Paris, Association des Ages, 1978.

à primeira escolha e à reorientação profissional poderiam ser de grande valia. No entanto, têm atingido mais fortemente apenas as juventudes mais favorecidas economicamente, ficando as menos favorecidas à deriva, até porque em sua maioria as chances de escolha se restringem, uma vez que muitos necessitam trabalhar enquanto estudam para suprir o próprio sustento e também o da família. Faz-se necessário contextualizar as juventudes que se apresentam nessa situação, para que possam ser beneficiadas por esse trabalho.

Nos últimos anos ampliou-se o interesse de alguns orientadores profissionais brasileiros pelos jovens menos favorecidos econômica e socioculturalmente, com base na percepção das diferenças de oportunidades advindas dessas diversidades sociais. No entanto, como mais uma abordagem psicoeducacional que poderia somar à inserção dos jovens no mundo do trabalho partindo de seu processo educativo, ainda se encontra longe de suprir a demanda advinda das juventudes brasileiras.

De acordo com pesquisas realizadas por Pochmann (2004) e Sarriera *et al.* (2000), os jovens de classes economicamente menos favorecidas veem suas possibilidades de desenvolvimento profissional limitadas diante de tantas exigências e demandas de qualificação. Conforme Sarriera *et al.* (2000), esses jovens apresentam, em maciça maioria, baixa escolarização, fator que pode colocá-los no grupo dos desempregados ou subempregados. Quando desafiados a refletir sobre possibilidades de mudança, manifestam interesse em melhorar suas condições pelo aumento da escolarização e da qualificação, colocando-se como únicos responsáveis pela sua condição, sem perceber a complexidade na qual estão envolvidos. Reproduzem, assim, o discurso neoliberal em que a "versão individualizada e privatizada da modernidade, e o peso da trama dos padrões e a responsabilidade pelo fracasso, caem principalmente sobre os ombros dos indivíduos" (Bauman, 2001, p. 14).

Sobre o ensino técnico no Brasil contemporâneo

Atualmente, ao concluir o ensino fundamental o jovem brasileiro tem a opção de dar continuidade aos seus estudos por meio de: ensino médio regular, invariavelmente encarado como um pressuposto para ingressar no ensino superior, mas que, também, abre a possibilidade de formação técnica; ou ensino médio integrado ou concomitante ao ensino técnico, que representam o que é concebido como educação profissional no Brasil.

A partir de 2003 as discussões sobre o ensino médio e a educação profissional se tornaram pauta, dando origem ao Decreto n. 5.154/2004, que possibilita a integração do ensino médio à educação profissional. Discutiu-se a implantação de uma educação politécnica ou tecnológica que garanta a integralidade da educação básica, dissolvendo a dualidade histórica de uma formação profissional para os filhos da elite e outra para os filhos dos trabalhadores. Esse decreto permite que os jovens de classe socioeconômica menos favorecida tenham uma formação profissional, incluindo, também, o público da educação de jovens e adultos (EJA).

Para Moura (2010), essa expansão do ensino médio integrado à educação profissional técnica de nível médio ainda não visa à universalização. Todavia, quando as condições da sociedade forem favoráveis a esse sistema e houver uma educação politécnica ou tecnológica, teremos uma educação universal, pública, gratuita, laica e de qualidade. A Rede Federal de Educação tem conseguido manter esse sistema de formação profissional com a educação básica, porém o acesso se dá por meio de processo seletivo rigoroso com elevada concorrência — e, portanto, não atende à demanda da sociedade.

A educação profissional é um conceito de ensino abordado pela LDB de 1996, complementada pelo Decreto n. 2.208/97 e reformulado pelo Decreto n. 5.154/04. Seu objetivo é criar cursos direcionados à qualificação, reprofissionalização e atualização de jovens e adultos, com qualquer nível de escolaridade, visando à inserção e ao melhor desempenho no mercado de trabalho.

Conforme a legislação brasileira, disposta nos decretos citados, há três níveis de educação profissional:

- Nível básico: cursos direcionados a pessoas de qualquer nível de instrução que podem ser realizados por qualquer instituição de ensino. Envolvem cursos e programas de formação inicial e continuada (FIC) de trabalhadores.
- Nível técnico: cursos direcionados aos estudantes de ensino médio ou a pessoas que já concluíram esse nível de escolaridade. Qualquer instituição de ensino, desde que com autorização prévia das secretarias estaduais de educação, pode oferecê-los. São oferecidos nas modalidades integradas, concomitantes e subsequenciais e fornecem diploma de técnico. Esse nível envolve cursos e programas na modalidade educação profissional técnica de nível médio.

- Nível tecnológico: cursos superiores direcionados aos estudantes que concluíram os ensinos médio e/ou técnico, sendo ofertados apenas por instituições de ensino superior (IES). Fornecem diploma de tecnólogo e envolvem cursos e programas de educação profissional tecnológica de graduação e pós-graduação.

O ensino técnico tem como característica oferecer uma formação profissional rápida, com duração média de um ano e meio a três anos, com conhecimentos teóricos e práticos voltados para o mercado de trabalho (Brasil/MEC, 2018). O estudante do ensino básico pode frequentar cursos técnicos e profissionais a partir da segunda série do ensino médio, bem como depois de concluir esse nível de ensino.

O ensino técnico está organizado em três modalidades:

- Ensino técnico integrado — o estudante selecionado frequenta o curso técnico paralelamente ao ensino médio, na mesma instituição. Nesse caso, ele deve ter concluído a primeira série do ensino médio. O curso técnico integrado tem a vantagem de ser uma forma mais simples de aprender uma profissão e a desvantagem de oferecer apenas a formação básica.
- Ensino técnico concomitante — o estudante selecionado frequenta o curso técnico simultaneamente ao ensino médio, mas em instituições diferentes — por exemplo, faz o ensino médio de manhã numa instituição e o curso técnico à tarde, em outra. O aluno deve estar cursando, no mínimo, a segunda série do ensino médio ou ter concluído esse nível de ensino. No curso

técnico concomitante o estudante tem a vantagem de se formar no ensino médio regular e também obter formação profissional.

- Ensino técnico subsequencial — o estudante aprovado no processo seletivo frequenta o curso técnico quando já concluiu o ensino médio. Dessa forma, a vantagem é a entrada mais rápida no mercado de trabalho do que se cursasse um curso de nível superior; sua desvantagem é uma formação mais simples.

Em virtude do crescimento econômico do Brasil — considerado país emergente em termos de desenvolvimento —, da elevada demanda de qualificação profissional e da presença ainda significativa da desigualdade social, foi aprovada em 26 de outubro de 2011 a Lei n. 12.513, a qual instituiu o Programa Nacional de Acesso ao Ensino Técnico e Emprego (Pronatec), com o objetivo de ampliar a oferta de cursos de educação profissional e tecnológica. Esse programa oportunizou com cursos gratuitos, qualificação profissional e formação técnica de nível médio inúmeras pessoas pelo Brasil, em instituições de ensino vinculadas às redes de educação profissional e tecnológica (EPT).

Uma nova ação do Pronatec, pela Portaria n. 817, de 13 de agosto de 2015, Portaria n. 160, de 5 de março de 2013, alterada pela Portaria n. 701, de 13 de agosto de 2014, está sendo desenvolvida: o MedioTec. Essa proposta vem ofertando vagas em cursos técnicos concomitantes ao ensino médio em redes públicas, visando capacitar e qualificar o estudante para o mercado de trabalho (Brasil, 2018).

Sobre o ensino superior no Brasil contemporâneo

Ingressar no ensino superior para obter a formação profissional é uma das escolhas que milhares de jovens realizam todos os anos. No final da década 1990 e, principalmente, a partir dos anos 2000, diversas políticas públicas de educação têm incentivado o acesso de estudantes ao ensino superior público e privado, por meio de programas como o Programa Universidade para Todos (Prouni), o Sistema de Seleção Unificada (SiSu) e o programa de reserva de vagas ou Política das Ações Afirmativas (PAAs): étnico, oriundos do ensino público, social/renda familiar, pessoa com deficiências, entre outros.

Para a permanência dos estudantes, alguns programas de bolsas são ofertados pelo MEC e repassados às IES, conforme sua classificação (centro universitário, faculdade e universidade) e finalidade do tipo de bolsa. Alguns desses são: Programa Institucional de Bolsas de Iniciação à Docência (Pibid)[3], Bolsa Permanência[4], Programa Institucional de Bolsas de Iniciação Científica (Pibic)[5], Programa

3. O Pibid oferece bolsas de iniciação à docência para alunos de cursos presenciais que se dedicam ao estágio nas escolas públicas e, quando graduados, se comprometam a trabalhar no magistério da rede pública de ensino. (Fonte: <http://www.capes.gov.br/educacao-basica/capespibid>.)

4. A Bolsa Permanência é um benefício destinado exclusivamente ao custeio das despesas educacionais do estudante beneficiário da bolsa integral do Prouni. A seleção dos bolsistas aptos ao recebimento da Bolsa Permanência é realizada mensalmente, no primeiro dia de cada mês, observados o cálculo da carga horária e a disponibilidade orçamentária e financeira do Ministério da Educação. (Fonte: <http://prouniportal.mec.gov.br/bolsa-permanencia>.)

5. O Pibic é concedido ao estudante de graduação integrado na pesquisa científica. A bolsa tem duração de 12 meses e os estudantes são sele-

Institucional de Iniciação Científica — Pibic nas Ações Afirmativas (Pibic-Af)[6], Programa Institucional de Bolsas de Iniciação em Desenvolvimento Tecnológico e Inovação (Pibiti)[7] e Bolsa de Estudo — art. 170 da Constituição Estadual de Santa Catarina[8].

Atualmente, o exame vestibular não é a única forma de acesso ao ensino superior. Diversas IES públicas e privadas têm optado por outras formas de seleção — combinadas ou em fase única —, como pela análise do histórico escolar e pela nota do Exame Nacional do Ensino Médio (Enem).

Entre seus principais objetivos, o Enem visa democratizar as oportunidades de acesso ao ensino superior em universidades federais, por meio do SiSu, e em instituições de ensino superior privadas com a concessão de bolsas de estudo integrais ou parciais, por meio do Prouni (Brasil, 2018). Além disso, os sistemas de crédito estudantil[9] fede-

cionados para participar de projetos dos pesquisadores. (Fonte: <http://www.cnpq.br/web/guest/pibic>.)

6. O Pibic-Af é dirigido às universidades públicas que oferecem aos estudantes beneficiados das ações afirmativas bolsas com duração de 12 meses para participar de atividades acadêmicas de iniciação científica. (Fonte: <http://www.cnpq.br/web/guest/pibic-nas-acoes-afirmativas>.)

7. O Pibiti concede bolsas com duração de 12 meses aos estudantes de ensino superior em atividades, metodologias, conhecimentos e práticas próprios ao desenvolvimento tecnológico e aos processos de inovação. (Fonte: <http://www.cnpq.br/web/guest/pibiti>.)

8. O artigo 170 concede bolsas de estudo e de pesquisa aos estudantes com condições econômicas menos favoráveis matriculados em instituições de ensino superior, regulamentadas pelas Leis Complementares n. 281/05, 296/05 e 420/08.

9. Sistema de financiamento para estudantes que permite custear os gastos com os estudos no ensino superior, oriundos dos governos federal, estadual e municipal, de entidades externas e/ou da própria ins-

ral, estadual, municipal, de entidades externas e da própria instituição têm se ampliado nos últimos anos, sendo uma possibilidade de incentivo ao ingresso e à permanência no ensino superior.

No decênio 2011-2020, o Plano Nacional de Educação (PNE) propõe, entre as diversas metas, elevar as matrículas em 50%, tendo como estratégias otimizar a estrutura física e os recursos humanos das instituições públicas de educação superior, ampliando a oferta de vagas por meio da expansão e da interiorização da rede federal.

Além disso, pretende elevar gradualmente a taxa de conclusão média dos cursos de graduação presenciais nas universidades públicas para 90%. Também objetiva ofertar um terço das vagas para cursos noturnos; ampliar os programas de inclusão e de assistência estudantil; expandir o financiamento estudantil por meio do Fies; fomentar a ampliação da oferta de estágio como parte da formação de nível superior; ampliar as políticas afirmativas e expandir o atendimento específico a populações do campo e indígenas. Todas essas ações serão tomadas objetivando a facilitação do acesso, da permanência, da conclusão e da formação de profissionais para que atuem com essas populações.

tituição que o estudante frequenta. Há duas formas de financiamento estudantil para o ensino superior: reembolsável (ex.: Fies do Governo Federal), em que o estudante, depois de formado, deverá pagar com juros seu empréstimo ao órgão financiador; e não reembolsável (ex.: Prouni, bolsas do governo estadual e municipal, bolsas da própria IES), em que não haverá devolução do que está sendo custeado.

Educação e trabalho — A fala de um grupo de jovens brasileiros

As desigualdades sociais são contundentes quando se trata da realidade brasileira. Entre as idiossincrasias identificadas, enfatiza-se que a situação educacional da juventude menos favorecida socioeconomicamente encontra-se precarizada. Neste capítulo se discute o acesso de estudantes da escola pública ao sistema de ensino técnico e superior, partindo do princípio de que o sistema público de ensino, salvo exceções, tem baixa qualidade, dificultando ao jovem a inserção social como cidadão produtivo.

No Brasil, a relação educação-trabalho na juventude tem se dado de forma dissociada e pulverizada. Isso porque o prescrito como trajetória de educação escolar, no cumprimento do ensino básico, não necessariamente se dá de forma sequencial, visto que muitos jovens necessitam se sustentar ou compor a renda familiar para que necessidades básicas desse grupo sejam supridas.

Pesquisa de pós-doutoramento[10] realizada com jovens com idade entre 15 e 24 anos, habitantes das sub-regiões da indústria do calçado da região Sudeste do país, confirma dados condizentes com o que se propõe aqui. Os jovens escolhidos pertencem às classes menos favorecidas socioeconomicamente, que frequentam ou já frequentaram a escola

10. Pesquisa realizada por Lisboa (2010) com vistas à titulação de pós-doutoramento, no Laboratório de Estudos sobre Desenvolvimento e Sustentabilidade (LabDES), pertencente ao Departamento de Educação, Ciências Sociais e Política Internacional (DECSPI) da Faculdade de Ciências Humanas e Sociais (FCHS/Unesp), campus Franca. Subsidiada pela Fundação de Amparo à Pesquisa do Estado de São Paulo (Fapesp).

pública, e trabalham ou estão desempregados. Nesse caso, o exercício do trabalho desde a infância ou no início da juventude assume fundamental importância, uma vez que ocupa, em grande proporção, o papel de assegurar a sobrevivência do jovem e a de sua família. Assim, ter um trabalho e não ser ameaçado por sua falta mostram-se essenciais para ele.

Quanto aos sentidos e significados da educação para os jovens sujeitos da pesquisa, chama a atenção a valorização do estudo, que traduz a realidade que hoje se vivencia na "sociedade do conhecimento". Este que se inclui no "fazer", transformando-o em "saber fazer".

A partir da primeira década do século 21, em consequência da restruturação produtiva dos anos 1990, apresenta-se a necessidade de qualificação de profissionais em vários níveis da cadeia produtiva brasileira. Assim, dá-se início ao incentivo à formação de profissionais no nível de ensino superior e, posteriormente, técnico. Programas são criados pelo MEC e parcerias são estabelecidas entre os poderes público e privado — como MEC e Sistema S. Assim, abre-se a oportunidade de estudo para a juventude aqui enfocada, embora com lacunas que ainda deverão ser sanadas.

Essas lacunas situam-se no que tangencia o processo do conhecimento, em qualquer nível, quando a situação econômica dos beneficiados pode impedir sua participação, dada a carência de recursos para locomoção, alimentação, locais de moradia periféricos, entre outros.

Trabalhar porque precisa suprir necessidades de sobrevivência — não somente por identificação com o trabalho e, por vezes, para o sustento — pode ser a forma torturante e alienante de se ocupar. E isso parece ser o que mais acontece com a juventude ora focada. Além de ingressar no mundo do trabalho precocemente, a maioria dos jovens das classes menos favorecidas socioeconomicamente tem seu cotidiano pautado por um trabalho que não faz parte de seu projeto de vida, pois não pressupõe possibilidade de escolha. A escolha do jovem dessa classe social se dá entre trabalhar e estudar ou trabalhar e deixar os estudos.

O trabalho é visto por ele como um lugar de educação, de aprendizagem para a vida, de socialização. Apresenta-se também como um lugar de afirmação dessa juventude, uma vez que ela é e sente-se mais valorizada pela família e pelos pares quando trabalha. Assim, pode-se dizer que o trabalho faz parte da formação da sua identidade, pois é um valor e uma expectativa que se impõem na cultura dos que ingressam precocemente na vida laboral.

Na pesquisa, por se tratar de um público jovem, as manifestações ligadas ao trabalho se colocam como um novo significado na vida pela independência que este propicia, também considerando a entrada do dinheiro como representativo da liberdade de decisões e da liberdade concernente à não dependência de outros. Esse significado revela a relevância da formação da identidade adulta, traduzida na busca da singularidade e na necessidade de ocupar um lugar na sociedade nessa fase da vida.

Cabe ainda comentar os programas de acesso e permanência à formação e capacitação para o trabalho, oferecidos pelo poder público, e o modo como têm sido tratadas as informações sobre eles com os estudantes. Sabe-se da divulgação que tem sido feita de forma parcial, ao mesmo tempo que existe uma defasagem desta, sobretudo nas escolas públicas. Ainda, com a implantação das cotas para alunos negros, pardos, indígenas e de escola pública, passa a existir um preconceito que contraria o que é de direito de todos os jovens: o acesso ao ensino superior. Este parece estar introjetado nos discursos da população privilegiada socioeconomicamente, que não aceita dividir as vagas das universidades federais com outras classes sociais, justamente aquelas para as quais a escola pública foi criada. Isso repete a origem da educação no Brasil, baseada numa dualidade histórica, propondo dois tipos de ensino: um para as elites e outro para os trabalhadores.

Por fim, fica a inquietação quanto ao papel da educação na formação da identidade pessoal e profissional da juventude brasileira não pertencente às classes dominantes. Como estamos orientando uma juventude que é tratada de forma excludente e marginalizada e que não vê na escola um lugar de proteção, mas, ao contrário, de vulnerabilidade? Como nos posicionamos diante de uma escola que não tem um lugar de destaque em nossas preocupações, que marginaliza e não mobiliza os jovens em busca de um futuro diferente do prescrito para as classes menos favorecidas? Até onde a escola está preocupada em ser mais do que conteudista, formando cidadãos com base em valores fundamentais e visão crítica sobre seu ser no mundo? Fica o convite para a reflexão sobre a realidade dos jovens em questão no que se refere ao que lhes está sendo proporcionado pelos educadores, pelo poder público e pela sociedade civil, todos responsáveis por sua integridade, cidadania e, consequentemente, pelo futuro da sociedade brasileira.

Referências

ABERASTURY, A.; KNOBEL, M. *Adolescência normal*. 10. ed. Porto Alegre: Artes Médicas, 1992.

BAUMAN, Z. *Modernidade líquida*. Rio de Janeiro: Zahar, 2001.

BIANCHETTI, L. *Angústia no vestibular — Indicações para pais e professores*. Séries Polêmicas. Passo Fundo: EDUPF, 1996.

BOURDIEU, P. "'Juventude' é apenas uma palavra". In: BOURDIEU, P. (org.). *Questões de sociologia*. Rio de Janeiro: Marco Zero, 1983, p. 113-21.

BRASIL. Lei n. 9.394, de 20 de dezembro de 1996. Institui as diretrizes e bases da educação nacional. Brasília: MEC, 20 dez. 1996.

______. Decreto n. 2.208, de 17 de abril de 1997. Brasília: MEC, 1997. Disponível em: <http://portal.mec.gov.br/seesp/arquivos/pdf/dec2208.pdf>. Acesso em: 15 abr. 2018.

______. Decreto n. 5.154, de 23 de julho de 2004. Regulamenta o § 2º do art. 36 e os arts. 39 a 41 da Lei nº 9.394, de 20 de dezembro de 1996, que estabelece as diretrizes e bases da educação nacional, e dá outras providências. Brasília: Presidência da República, 2004. Disponível em: <http://www.planalto.gov.br/ccivil_03/_ato2004-2006/2004/decreto/d5154.htm>. Acesso em: 15 abr. 2018.

______. *Plano nacional de educação para o decênio 2011-2020*. Brasília: MEC/Inep, 2010. Disponível em: <http://portal.mec.gov.br/index.php?option=com_docman&view=download&alias=7116-pl-pne-2011-2020&Itemid=30192>. Acesso em: 15 abr. 2018.

______. Lei n. 12.513, de 26 de outubro de 2011. Institui o Programa Nacional de Acesso ao Ensino Técnico e Emprego (Pronatec); altera as Leis n. 7.998, de 11 de janeiro de 1990, que regula o Programa do Seguro-Desemprego, o Abono Salarial e institui o Fundo de Amparo ao Trabalhador (FAT), n. 8.212, de 24 de julho de 1991, que dispõe sobre a organização da Seguridade Social e institui Plano de Custeio, n. 10.260, de 12 de julho de 2001, que dispõe sobre o Fundo de Financiamento ao Estudante do Ensino Superior, e n. 11.129, de 30 de junho de 2005, que institui o Programa Nacional de Inclusão de Jovens (ProJovem); e dá outras providências. Brasília: Presidência da República, 2011. Disponível em: <http://www.planalto.gov.br/ccivil_03/_ato2011-2014/2011/lei/l12513.htm>. Acesso em: 15 abr. 2018.

______. Pnad/IBGE. *Pesquisa Nacional por Amostra de Domicílios - 2015*. Disponível em: <https://ww2.ibge.gov.br/home/estatistica/populacao/trabalhoerendimento/pnad2015/default.shtm>. Acesso em: 15 abr. 2018.

______. MedioTec. s/d. Disponível em: <http://portal.mec.gov.br/mediotec>. Acesso em: 15 abr. 2018.

DIEESE. *Anuário do sistema público de emprego, trabalho e renda 2015: Juventude: livro 6*. Departamento Intersindical de Estatística e Estudos Socioeconômicos. São Paulo: Dieese, 2015. Disponível em: <https://www.dieese.org.br/anuario/2015/sistPubLivreto6Jovens.pdf>. Acesso em: 15 abr. 2018.

INEP/MEC. *Panorama de educação: destaques do Education at a Glance 2017*. Disponível em: <http://download.inep.gov.br/acoes_internacionais/eag/documentos/2017/panorama_da_educacao_destaques_do_education_at_a_glance_2017.pdf>. Acesso em: 15 abr. 2018.

LISBOA, M. D. *O desemprego na juventude: o sentido do desemprego para jovens que residem em cidades de sub-regiões produtivas da indústria do calçado na região Sudeste do país*. Relatório Científico apresentado à Fapesp para a obtenção do título de pós-doutorado. Franca: Unesp, 2010.

MANDELLI, M. T. *Correndo atrás de seu projeto de vida: um estudo com participantes do Programa Jovem Aprendiz*. Dissertação (mestrado em Psicologia), Universidade Federal de Santa Catarina, Florianópolis, 2011.

MOURA, D. H. "Ensino médio e educação profissional: dualidade histórica e possibilidades de integração". In: MOLL, J. *et al*. *Educação profissional e tecnológica no Brasil contemporâneo: desafios, tensões e possibilidades*. Porto Alegre: Artmed, 2010, p. 58-79.

POCHMANN, M. "Educação e trabalho: como desenvolver uma relação virtuosa?" *Educação e Sociedade*, v. 25, n. 87, Campinas, maio/ago. 2004, p. 383-99.

QUAPPER, K. D. "Juventud o juventudes? Acerca de como mirar e remirar a las juventudes de nuestro continente". In: BURAK, S. (org.). *Adolescencia y juventud en América Latina*. Costa Rica: Libro Universitario Regional, 2001, p. 57-76.

SARRIERA, J. C. *et al*. *Psicologia comunitária: estudos atuais*. Porto Alegre: Sulina, 2000.

APRENDIZAGEM PROFISSIONAL E EDUCAÇÃO PARA A CARREIRA: UMA RELAÇÃO POSSÍVEL E NECESSÁRIA

FERNANDA AGUILLERA

06

QUANDO MUITO SE discute sobre a importância da democratização do acesso à orientação profissional e de carreira no país, é fundamental atentar-se à realidade de inúmeros jovens brasileiros que são levados à inserção precoce no mundo do trabalho. Movidos por necessidades econômicas, em geral são advindos de famílias de baixa renda e contextos marcados por vulnerabilidade social.

Quando não começam a trabalhar ainda na infância, alvos da exploração do trabalho infantil, têm sua iniciação ocupacional na adolescência em atividades pouco qualificadas, mal remuneradas, sujeitos a condições de precariedade, exploração e violação de direitos; tudo culturalmente aceito sob um argumento: questão de sobrevivência. Se o trabalho concorre com a escola, o que é indiscutível, muitos acabam por abandoná-la ou têm os estudos prejudicados, o que tende a perpetuar sua condição de pouca qualificação, de alternativas profissionais restritas e mal remuneradas no futuro e, consequentemente, a baixa renda familiar e a necessidade de trabalho precoce das futuras gerações. É urgente e indispensável, portanto, propor caminhos para fazer frente a essa realidade.

O trabalho infantojuvenil é foco de preocupação não apenas no Brasil, mas no cenário internacional, amplamente discutido em órgãos de defesa dos direitos humanos como o Fundo das Nações Unidas para a Infância (Unicef) e a Organização Internacional do Trabalho (OIT). Do mesmo modo, a promoção de trabalho decente para a juventude tem sido alvo de acordos internacionais, tendo em vista o agravamento dos índices de desemprego entre os jovens pelo mundo. No caso do Brasil, indicadores da Pesquisa Nacional por Amostra em Domicílios (Pnad) informam que, enquanto o desemprego geral chegou a 12% no final de 2016, entre brasileiros de 18 a 24 anos tinha ultrapassado os 19%. Já segundo a OIT, ao final de 2017 o desemprego entre os jovens no mundo estava em 13,1%, considerada a mesma faixa etária, mas no Brasil alcançou o maior índice em 27 anos: aproximadamente 30% dos jovens brasileiros estariam sem trabalho.

Uma alternativa que tem sido encontrada por muitos em busca do primeiro emprego é a aprendizagem profissional. Trata-se de uma modalidade de qualificação para o trabalho de natureza teórico-prática, voltada para adolescentes e jovens dos 14 aos 24 anos incompletos, desde que estejam cursando o ensino fundamental ou médio ou estejam desempregados após sua conclusão no ensino público. Mais do que uma formação técnico-profissional e a inserção no trabalho como aprendiz, remunerado e com direitos garantidos, algumas instituições oferecem ainda ações pertinentes ao campo da orientação profissional e de carreira, seja na forma de projetos aditivos e opcionais ou como disciplinas obrigatórias integradas aos currículos. De tal modo, podem caracterizar-se como práticas de educação para a carreira, termo ainda pouco conhecido no país, mas que cresce em importância pelo mundo, dada a função social de preparar os jovens para enfrentar as turbulências do mercado e as transições de profissão.

É nessa perspectiva que o presente texto se propõe a apresentar as experiências de duas instituições formadoras que, dedicadas à aprendizagem profissional no interior paulista, foram parceiras da autora no bojo de ações do Programa Crescer[1]. A seguir, são desbravados seus eixos temáticos centrais.

Aprendizagem profissional e educação para a carreira: velhos (des)conhecidos, uma combinação promissora

A aprendizagem profissional (AP) é regulamentada no Brasil desde a década de 1940, por leis, decretos e portarias que envolvem educação e trabalho e passam por atualizações ao longo dos anos. Apesar disso, trata-se de uma prática ainda pouco conhecida nos meios científicos, haja vista o reduzido número de estudos mapeados por Aguillera (2013), que traça

1. Por mais de dez anos, o Programa Crescer dedicou-se a levar a orientação profissional e de carreira a jovens com vivência de inserção precoce no trabalho. Nascido na Universidade Federal de São Carlos em 2001, em atenção às necessidades profissionais dos 68 patrulheiros que lá estagiavam, estendeu-se a instituições formadoras em aprendizagem profissional da região nos anos seguintes, com as devidas adequações e em alguns casos ganhando diferentes nomes, mas sempre caracterizado pela parceria com serviços/escola de psicologia. Ficou sob a responsabilidade da autora até o final de 2011, quando do seu afastamento para dedicação ao doutorado, tendo nesses anos chegado às cidades de Piracicaba, Araras, Rio Claro, Santa Bárbara d'Oeste, Americana, Limeira, Leme, Mogi Guaçu e Mogi Mirim.

também uma retrospectiva histórica da área e de seus marcos legais. Em síntese, esteve tradicionalmente associada aos serviços nacionais de aprendizagem — Sistema S[2] —, tendo ganhado novos espaços e olhares com a promulgação da Lei n. 10.097/2000, a Lei da Aprendizagem; assim como com as leis n. 11.180/2005 e 11.788/2008 (a Lei do Estágio), em especial, entre outras normativas não menos importantes. São exemplos a Consolidação das Leis do Trabalho (CLT) e o Estatuto da Criança e do Adolescente (ECA).

Como uma proposta de qualificação e inserção no trabalho, a AP configura-se por formação técnico-profissional que envolve atividades teóricas e práticas, na forma de cursos que garantam estágio profissionalizante na área do ofício/ocupação para quem se esteja qualificando. Operacionalmente, isso se dá pela formalização de contrato especial de trabalho por tempo determinado, com duração de até dois anos e dedicação que não exceda seis horas diárias, entre formação teórica e prática de estágio. Realizado com empresas parceiras, possibilita uma primeira experiência profissional remunerada, registrada em carteira e mediada/monitorada pela instituição formadora, com o intuito de potencializar a garantia de direitos, tanto trabalhistas como do adolescente. Assim, toma um caráter de trabalho protegido, na medida em que a instituição é responsável por fiscalizar as condi-

2. Sistema S é o termo que define um conjunto de entidades corporativas voltadas para o treinamento profissional e a assistência social. Entre elas estão os Serviços Nacionais de Aprendizagem Profissional, assim conhecidos: Serviço Nacional de Aprendizagem Industrial (Senai), Comercial (Senac), Rural (Senar), do Transporte (Senat) e do Cooperativismo (Sescoop).

ções de trabalho e garantir que se trate de uma experimentação segura e válida em termos de qualificação e vivência profissional, bem como acompanhar o aproveitamento escolar dos aprendizes, como incentivo para que se mantenham na escola e sem prejuízos ao desempenho.

Com a Lei do Aprendiz, como ficou popularmente conhecida a Lei n. 10.097/2000, as organizações de qualquer natureza (comercial, industrial, de serviços etc.) que se submetam ao regime da CLT passaram a ter cota obrigatória de contratação/matrícula de aprendizes, em funções que exijam formação profissional: no mínimo 5% e no máximo 15% do total de trabalhadores. E, para tal, deve ser considerada a Classificação Brasileira de Ocupações (CBO), elaborada pelo Ministério do Trabalho e Emprego (MTE), tanto em termos de contratação como de formação.

Diante dessa normativa e da expectativa de ampliação dos contratos de aprendizagem que dela decorre, houve necessidade de ampliar os serviços, o que culminou no reconhecimento de instituições igualmente antigas, que só com a Lei n. 11.180/2005 passaram a ser consideradas oficialmente formadoras em AP. É o caso de escolas técnicas, bem como organizações não governamentais e entidades sem fins lucrativos (ESFLs), a exemplo das Guardas Mirins e dos Círculos de Patrulheiros, nascidos na década de 1960, que por todo o país têm se dedicado à educação profissional e à iniciação monitorada no trabalho. A condição é que apresentem proposta de qualificação profissional aprovada e reconhecida pelo Conselho Municipal dos Direitos da Criança e do Adolescente (CMDCA), pois, exceto as escolas técnicas, mesmo sendo instituições educativas por natureza, que se dedicam à missão de educar para o trabalho com projeto pedagógico definido, as ESFLs não estão submetidas ao Ministério da Educação e Cultura (MEC).

Considerando os estudos levantados por Aguillera (2013), foi possível observar o interesse recente pelo tema, predominando pesquisas qualitativas e com poucos participantes. Muitos mencionam a falta de perspectivas de futuro e de projetos de vida profissional entre os adolescentes, assim como a maioria dos resultados parece favorável aos programas de AP, mas sem uma avaliação sistemática dessa realidade — faz-se necessária uma avaliação crítica mais ampla, que não cabe aqui. Por ora, vale dizer que tal prática é polêmica e divide opiniões. Para alguns se trata do "mascaramento" do trabalho infantojuvenil, que deve ser totalmente abolido; ou uma forma de "doutrinar para a subalternidade", em favor de interesses capitalistas. Por outro lado, se é das poucas alternativas atuais que atendem a uma demanda real e gritante, pode ser defendida como o reconfigurar, em moldes politicamente corretos, de atividades educativas para jovens aprendizes e sua iniciação profissional. E, como tal, suporta uma combinação promissora com a proposta de educação para a carreira.

Um pouco mais recente, mas já acumulando mais de quatro décadas de reconhecimento no cenário internacional, desde a sua proposição original nos Estados Unidos por Hoyt (1975), a educação para a carreira parece revelar contribuições importantes no que tange à preparação dos jovens para a carreira e os desafios impostos pelo mundo do trabalho ao longo da vida. Tem sido definida, em linhas gerais, como um processo educativo voltado para o desenvolvimento de conhecimentos, habilidades e atitudes de carreira, que contempla componentes de processos de aconselhamento profissional adequados a diferentes cenários e contextos. Segundo Guichard (2001), o objetivo é capacitar os indivíduos a lidar com transições diversas que enfrentarão, não apenas escolares e profissionais, mas também pessoais. Compreendendo a carreira como um processo contínuo, que contempla a sucessão de etapas e tarefas de desenvolvimento — numa relação que conecta a vida pessoal e o trabalho, conforme defendeu Super (1957) —, a preparação para a carreira toma, então, um significado de preparação para a vida (Jenschke, 2003), o que fortalece a proposta de que seja trabalhada desde a escola e de maneira ajustada às várias idades.

Reconhecendo que existem diferentes definições para o termo na atualidade, Hoyt (2005) recomenda que, para caracterizar-se como educação para a carreira, as intervenções devem contemplar quatro elementos básicos: 1) o conceito de trabalho, entendido de maneira abrangente e não apenas como o trabalho remunerado; 2) a infusão curricular, forma de disseminação transversal de aspectos relevantes ao desenvolvimento da carreira nos conteúdos curriculares, recomendada desde a educação infantil até o ensino superior; 3) a estimulação de hábitos e atitudes relacionados ao trabalho que, segundo pesquisas, começam a se desenvolver já na infância e adolescência; 4) a colaboração entre escola e comunidade ocupacional ou profissional, numa parceria que permita planejamento, treinamento, observação e vivência de atividades concretas relativas ao mundo do trabalho.

Modalidade diferenciada no campo das ações da orientação profissional e de carreira, tem sido discutida internacionalmente como desafiadora, na medida em que esbarra em normativas educacionais e modelos pedagógicos cristalizados. Porém, Watts (2001) aponta que há diferentes formas de estruturar programas de educação para a carreira, apresentando outros três modelos básicos de intervenção, além da infusão curricular. O primeiro seria o modelo extracurricular, no qual acontece como um programa de atividades à parte, em módulos, sessões ou cursos breves, podendo envolver de seminários a visitas técnicas. Outra possibilidade seria o modelo de disciplina própria na grade curricular, com programa direcionado ao desenvolvimento profissional, sob a responsabilidade de um professor ou um orientador profissional. E uma terceira alternativa seria o modelo integrado a uma disciplina mais geral, com questões de carreira sendo apresentadas como alguns dos temas — por exemplo, educação para a saúde e cidadania. Dados da Organização para a Cooperação e o Desenvolvimento Econômico (OECD, 2004, p. 43) indicam a predominância desses outros modelos, mas ressaltam que, independentemente de qual seja adotado, programas inseridos no currículo nos moldes da educação para a carreira atendem melhor a atual "ênfase na aprendizagem ao longo da vida e na empregabilidade sustentada".

Watts (2001) considera ainda que tais ações devem ser organizadas em torno de três eixos principais: 1) autoconsciência, contemplando valores pessoais, potencialidades e aspirações, conciliados para satisfação e equilíbrio; 2) percepção de oportunidades, de identificação, análise e acesso a oportunidades de educação, qualificação e emprego disponíveis; 3) aprendizagem relativa à tomada de decisões e enfrentamento de transições, promovendo a capacidade de manejar situações inesperadas, transferir habilidades, adaptar-se de modo saudável. Entretanto, Rodríguez-Moreno (2008) lembra que, para que as ações sejam bem-sucedidas, é preciso adaptar os objetivos considerando o nível de desenvolvimento social e moral nas idades dos estudantes a ser atendidos.

Por fim, um aspecto relevante dessa prática diz respeito a seus espaços: a proposta original de Hoyt (1995, 2005) considera educação para a carreira aquela empreendida no ambiente escolar, tendência que se mantém no Brasil entre autores que se dedicam ao tema (Munhoz e Melo-Silva, 2011; Munhoz, Melo-Silva e Audibert, 2016). Porém, já se reconhece que suas ações não estão a ele restritas (Rodríguez-Moreno, 2008; OECD, 2004). Tendo em vista a aprendizagem ao longo da vida, outros contextos educativos devem incorporá-la: instituições dedicadas à qualificação para o trabalho; serviços de apoio ao emprego e mediação de mão de obra; instituições sindicais, espaços comunitários, projetos sociais que ofertam cursos a jovens e adultos, entre outros. Nesse rol de possibilidades cabem, então, instituições dedicadas à aprendizagem profissional.

Contextualizando

Em 2012 o Ministério do Trabalho e Emprego propôs a remodelação do Cadastro Nacional de Aprendizagem Profissional (Cnap), banco de dados voltado para o cadastramento de todas as entidades brasileiras qualificadas para a formação técnico-profissional, bem como dos cursos de aprendizagem que oferecem. Já em 2013 registravam-se 312 entidades devidamente credenciadas no Cnap, entre as quais 171 paulistas. Dessas, 122 foram caracterizadas como pertencentes ao terceiro setor, com princípios assistenciais e de educação profissionalizante. Observa-se, portanto, que tais instituições cumprem um papel importante no cenário nacional. Além disso, o estado de São Paulo concentra maioria significativa de iniciativas nesse campo, apesar de ser, no Sudeste, aquele que menos atende às metas de contratação de aprendizes. Segundo dados da Secretaria de Inspeção do Ministério do Trabalho, isso se mantém mesmo com a intensificação da fiscalização pelos auditores do trabalho nos últimos anos.

Berço de tais práticas no país desde a década de 1960, o interior paulista é celeiro de tradicionais instituições formadoras de aprendizes em nível inicial. Em sua maioria, são organizações não governamentais de bases filantrópicas, muitas nos moldes dos antigos movimentos denominados Guardas Mirins e Patrulheiros, hoje reconfigurados em atenção às exigências da Lei do Aprendiz. Dedicam-se à aprendizagem profissional, tendo em vista a formação e o encaminhamento de jovens de baixa renda para o mercado de trabalho, sendo a oferta dos cursos ajustada à realidade local, de acordo com demandas das empresas parceiras. Nesse cenário se inserem as instituições promotoras das experiências aqui relatadas.

Trata-se de duas instituições filantrópicas do centro-leste paulista, que foram atendidas pela equipe do Programa Crescer. Vinculadas à Federação Brasileira de Associações Socioeducacionais de Adolescentes (Febraeda), firmam uma participação ativa no debate das políticas públicas e boas práticas relacionadas à AP promovida pelo terceiro setor, além de adotar indicadores de qualidade como prática corrente de gestão. O reconhecimento positivo dos serviços prestados gera alta procura pela população, demandando a realização de processos seletivos para ocupação das mais de 200 vagas ao ano em cada instituição.

A "educação para o trabalho" é o mote que norteia suas propostas de intervenção com os jovens, que vão além da formação permanente e da inserção profissional monitorada nos estágios, incluindo o acompanhamento do desempenho escolar dos aprendizes e o oferecimento de reforço àqueles com dificuldades na escola regular. Além disso, até 2012 destacavam-se pela oferta de intervenções de carreira estruturadas, demonstrando evidente atenção ao projeto de vida e preparação para a carreira do público atendido. Apesar das semelhanças entre as instituições selecionadas, existiam pequenas diferenças de dinâmica e funcionamento, as quais detalharemos a seguir.

A Instituição Alfa[3] é uma das pioneiras na formação do aprendiz no interior paulista. No período em questão, recebia os adolescentes por meio de um curso preparatório, como treinamento inicial para a inserção no primeiro emprego. Esse curso durava cerca de três meses, com aulas diárias de segunda a sexta-feira em período integral: seis horas, conforme regulamentado pela Lei do Estágio. Concluído o curso, os alunos eram encaminhados aos processos seletivos para estágio nas empresas parceiras, podendo trabalhar entre quatro e seis horas diárias. Além disso, mantinham-se em formação na instituição, em cursos modulares específi-

3. Foram adotados nomes fictícios para as instituições, no intuito de preservar seus usuários.

cos nas áreas administrativa e de informática, frequentando aulas diárias com uma hora de duração.

Preocupada com a formação integral do adolescente, a Instituição Alfa tem como características marcantes o forte apelo cívico e o estímulo ao exercício da cidadania, firmado em um código de conduta norteador do comportamento do aprendiz no trabalho e fora dele. Isso inclui o incentivo à organização autônoma dos adolescentes interessados em promover eventos, além das aulas de música e ensaios aos interessados em compor a banda da instituição, o que ocorria aos sábados. Também oferecia uma série de benefícios: almoço gratuito em restaurante próprio, salão de beleza e costureira para pequenos reparos nos uniformes de trabalho, se necessário, para garantir a boa apresentação pessoal dos aprendizes. No período das intervenções aqui relatadas, sua sede própria estava em construção.

No caso da Instituição Beta, os alunos eram recebidos a partir do curso de iniciação profissional — auxiliar administrativo até o início de 2011 — e, tão logo considerados aptos, encaminhados a processos seletivos para estágio em diferentes organizações da cidade. As oportunidades dividiam-se em funções diversas, que variavam de operacionais (como empacotadores de supermercado) a administrativas (como secretários, atendentes de escritório, auxiliares contábeis etc.). A condição exigida das empresas, porém, era a dispensa remunerada dos aprendizes para continuar a formação na entidade um período por semana, fosse para a conclusão do curso básico, fosse para aprimoramento profissional em cursos específicos e avançados de informática. Esses cursos iam de aplicativos Office a técnicas administrativas com gestão em informática, aplicações gráficas para marketing e vendas e gestão empresarial.

Destaca-se que a Instituição Beta tem certificação de qualidade ISO 9000, o que evidencia excelência em gestão. Além disso, a continuidade dos estudos pelo público atendido é considerada um de seus indicadores de qualidade. No entanto, por razões econômicas, a organização vivenciou um processo de mudanças naquele ano. O curso de iniciação profissional deixou de ser oferecido e uma parceria foi firmada com o Senac, que passou a se encarregar da formação básica do aprendiz. Os cursos de qualificação profissional específicos e os encaminhamentos ao primeiro emprego foram mantidos, mas direcionados aos adolescentes já vinculados à instituição e estendidos aos adolescentes egressos do Programa Educação para o Trabalho do Senac, estabelecendo-se um sistema de colaboração mútua entre os dois serviços. No caso dos cursos específicos, exceto o do Senac, os alunos frequentavam a Instituição Beta apenas uma vez por semana. Cabe registrar que a experiência aqui compartilhada é anterior a tal transição.

Conhecidas as propostas educativas institucionais, seguem detalhes das intervenções de carreira que as compunham no período mencionado, quando ainda eram acompanhadas pela autora e parceiras no Programa Crescer.

Orientação profissional em ação: resgatando experiências

Apesar do mesmo propósito e da condução dos trabalhos orientados por profissionais da educação e da psicologia em ambas as instituições, as práticas tocantes à orientação profissional e de carreira eram bem distintas entre elas. Fruto de seus projetos político-pedagógicos e componentes de suas propostas curriculares, cabem ser classificadas como educação para a carreira, perspectiva defendida por esta autora.

Na Instituição Beta havia significativa preocupação com as questões de carreira dos jovens, iniciando-se pela possibilidade de escolha de diferentes áreas de trabalho desde a inscrição na instituição. Eram oferecidas possibilidades como: auxiliar administrativo, recepcionista, almoxarife, agente ambiental, empacotador, vendas e informática. Além disso, eram promovidas atividades de educação para a carreira ao longo de toda a formação, adequadas aos diferentes momentos do adolescente na instituição: de educação para o trabalho àqueles em fase de inserção no primeiro emprego à orientação para as escolhas de carreira aos que estavam no final do ensino médio. Firmada parceria com um serviço-escola de psicologia da cidade, a condução das atividades com os aprendizes ficava por conta de uma equipe de estagiários, sob a supervisão e o treinamento de uma professora especializada em orientação profissional e de carreira.

A disciplina Educação para o Trabalho — Módulo Básico era componente curricular do curso de iniciação profissional, sendo oferecida obrigatoriamente a todos os ingressantes na instituição. De natureza teórico-prática, apoiava-se em recursos como dinâmicas de grupo, exercícios individuais e coletivos, discussão de casos e vídeos, debates e resolução de problemas. Dependendo da urgência para encaminhamento dos aprendizes ao trabalho, era organizada de forma intensiva: três oficinas de quatro horas. Porém, em alguns períodos tal carga horária era diluída em maior número de encontros de menor duração, o que variava de acordo com o momento institucional e com acordos com as empresas parceiras que recebiam os jovens para estágio de aprendizagem. Em linhas gerais, eram discutidos: aspectos diversos sobre o mundo do trabalho; expectativas referentes ao primeiro emprego; principais dificuldades e falhas nessa situação, respectivas precauções e estratégias de enfrentamento; noções básicas de direitos e deveres dos trabalhadores — em particular, na condição de aprendizes.

Concluída a formação básica, os adolescentes eram encaminhados a estágios e se mantinham em cursos de aprimoramento em informática e gestão, como já comentado. Entretanto, a proposta institucional garantia que, em simultâneo, disciplinas que discutiam a carreira fossem permanentes: a Educação para o Trabalho — Módulo Avançado e a Orientação Vocacional e Profissional (direcionada aos aprendizes em fase de conclusão do ensino médio). Semestrais, ambas eram oferecidas em diferentes semestres, com 15 a 20 encontros semanais de duas horas, em grupos de 12 a 25 jovens. O objetivo era auxiliar na elaboração de seus projetos de vida, mobilizando-os para exigências do mercado de trabalho e para a importância da qualificação profissional.

A Educação para o Trabalho — Módulo Avançado aprofundava-se em temáticas relacionadas ao trabalho e à vida profissional, abordando questões comportamentais: comunicação, conflitos, assédio moral e sexual, assertividade, entre outras. A perspectiva teórico-prática era mantida e a programação tinha uma proposta de temáticas preestabelecidas, mas com margem à flexibilidade, para variações segundo necessidades identificadas nos jovens e nos empregadores. Os registros de incidentes críticos, bem como o levantamento de sugestões das turmas, eram os termômetros das necessidades a cada semestre, dando base à reconfiguração da disciplina, continuamente alinhada às demandas.

Já a orientação vocacional e profissional (OVP), mesmo como componente curricular, desenvolvia temáticas e estratégias convencionais à facilitação da escolha profissional e da construção de projeto de vida, embora adaptada a diferentes níveis de formação (não apenas universitária, como é comum em contextos escolares nos quais costuma ser oferecida). Os encontros grupais eram distribuídos em cinco módulos: desmistificação da OVP; autoconhecimento; informação profissional; acesso a qualificação e trabalho; projeto de vida e decisão. Utilizavam-se jogos grupais e atividades coletivas e individuais: colagens/desenhos, redações, pesquisas, visitas, entrevistas/palestras com profissionais. A Escala de Maturidade para a Escolha Profissional (Emep) (Neiva, 1999) foi aplicada no início e no final do programa. Além dos encontros semanais, eram previstas sessões individuais ao término do processo. Mas é importante destacar o ponto forte da intervenção: o mapeamento das possibilidades de qualificação e formação na região — formas de acesso e ações afirmativas favoráveis à permanência nas instituições — mobilizava mudanças comportamentais significativas nos adolescentes. Era comum, nessa fase do programa, observar muitos deles substituindo baixas perspectivas, apatia e descrença na OVP por envolvimento e proatividade.

No caso da Instituição Alfa, o projeto pedagógico não previa a existência de disciplinas dedicadas a intervenções alusivas à OPC propriamente ditas, como observado na Instituição

Beta. Porém, conhecimentos, habilidades e atitudes relacionados à carreira e ao mundo do trabalho eram estimulados constantemente, do treinamento inicial a alguns módulos dos cursos específicos. Isso ocorria de maneira mais estruturada em algumas disciplinas, como em Relações Humanas no Trabalho, mas a equipe de professores era orientada a tratar de questões atinentes em todas as disciplinas, inclusive buscando a interação entre conteúdos de várias delas. Certamente, gestores e corpo docente desconheciam o conceito de educação para a carreira, tendo em vista que sua introdução no país foi posterior à construção da proposta pedagógica da instituição. Mas é indiscutível que tal modelo educacional em muito se aproxima — se não coincide — com a infusão curricular originalmente proposta por Hoyt (1995, 2005) no contexto norte-americano, na medida em que preconiza a disseminação transversal, nos conteúdos curriculares, de questões relevantes ao desenvolvimento vocacional e de carreira.

Além disso, outras três práticas conduzidas pela psicóloga (também com o apoio de estagiários de psicologia) merecem destaque: o acompanhamento permanente dos adolescentes em inserção profissional; o monitoramento do desempenho dos aprendizes; a orientação aos adolescentes em fase de desligamento da instituição. No primeiro caso, essa especialista era a responsável por acompanhar os jovens em seu processo de inserção profissional, acolhendo suas dúvidas e dificuldades e orientando-os para estratégias de enfrentamento das diversas situações de trabalho, fosse em razão da procura espontânea pelos aprendizes e/ou seus pais/responsáveis, fosse por encaminhamentos e queixas das empresas parceiras. Alguns períodos do expediente semanal eram dedicados a essa tarefa, prevendo-se o agendamento de atendimentos nos caso de situações mais complexas, além de horários de plantões. Quando se fazia necessário, eram realizados encaminhamentos clínicos, tanto dos adolescentes como de seus familiares. E, se cabível, também era prevista sua intervenção para mediação entre partes envolvidas, sobretudo nos casos que envolviam trabalho e estudos, incluindo de orientação a pais/responsáveis a possíveis interferências nos campos de estágio — como a orientação/advertência de empregadores sobre alguns problemas e infrações, a troca de postos de trabalho entre aprendizes e até mesmo sua retirada em casos extremos (vítimas de assédio, por exemplo).

Já o sistema de gestão do desempenho dos aprendizes apoiava-se numa avaliação trimestral, realizada com seus superiores imediatos nos postos de estágio e gerenciada pela equipe de psicologia. Como atividade que estimula o *feedback* e a orientação contínuos ao jovem trabalhador, era preservada como registro institucional para fins estatísticos e de proteção aos usuários do serviço, resguardando-se a ética. Isso permitia que as informações fossem tratadas como levantamento de necessidades de treinamento, assim como adotadas na política de reconhecimento e ascensão na carreira do aprendiz. Essa medida possibilitava aos adolescentes que se destacavam, nos diversos postos de trabalho, assumir o papel de líderes dos demais, tarefa para a qual eram devidamente treinados.

Por fim, a orientação para a transição e o desligamento dos adolescentes era considerada um projeto à parte. Os aprendizes não efetivados em seus campos de estágio eram convocados para um encontro com a psicóloga ou a equipe de psicologia, para discussão de seus planos futuros, orientações para busca de trabalho e encaminhamento a agências de emprego da cidade. Isso acontecia no último mês de atividades do aprendiz na instituição e, a depender do número de desligados, poderia ocorrer na forma de encontros grupais ou atendimentos individuais. Como principais conteúdos, discutia-se: uma avaliação tanto da experiência como aprendiz quanto de sua vivência na instituição; contribuições para sua formação profissional, perspectivas de futuro, exigências do mercado de trabalho e a importância da busca constante de qualificação; dicas de elaboração de currículo, sua adequação a diferentes oportunidades, preparação para entrevistas de emprego e outras estratégias adotadas em processos seletivos. Quando possível, oferecia-se a oportunidade de monitorar a elaboração do currículo e/ou sua correção. E, ao final, recebiam uma cartilha com tais dicas, a relação de sites e agências de emprego e uma carta de apresentação e encaminhamento para essas agências.

Diante das ações relatadas, fica evidente que nas duas instituições os adolescentes eram acompanhados e orientados em toda sua trajetória de aprendiz, garantindo-se espaço para compartilhar dificuldades, aprender a enfrentá-las, preparar-se para o futuro. Em consequência, resultados positivos se faziam notar e eram devidamente registrados, apesar de sua avaliação sistemática configurar-se um grande desafio. Mesmo que tal dificuldade seja recorrente entre as intervenções de carreira, como observaram Melo-Silva e Jacquemin (2001) e Lalande e Magnusson (2007), por exemplo, não se trata de uma etapa menos relevante dos trabalhos desenvolvidos. Ao contrário, por questão de sobrevivência dos serviços e instituições, discutir a avaliação de resultados é fundamental, cabendo aprofundamento a seguir.

Do esboço de resultados, um chamado a registros mais precisos

É inegável a relevância da avaliação dos serviços de carreira para que seus resultados sejam conhecidos, bem como suas necessidades de aprimoramento. Além de elucidar procedimentos e programas que se mostram mais eficazes, esses dados ajudam os profissionais a priorizar direcionamentos mais certeiros. Porém, a não ser para fins de pesquisa, a avaliação sistemática de efeitos das intervenções de carreira ainda é pouco comum no país, o que impacta inclusive a disseminação de boas práticas, haja vista o baixo índice de publicação de relatos de experiências nos meios científicos. Não seria diferente quando se trata de educação para a carreira no contexto da aprendizagem profissional, proposta ainda pouco discutida. No caso específico das experiências aqui apresentadas, configuram-se exceção, mas é preciso ir além.

Em ambos os programas, indicadores institucionais registravam resultados positivos em termos de satisfação com a experiência, empregabilidade e qualificação profissional e perspectivas de futuro. Eram altos os índices de contratação efetiva dos jovens nas empresas ao fim da aprendizagem profissional, assim como de conquista de outros empregos se isso não ocorresse. Do mesmo modo, observavam-se melhoras no desempenho escolar dos aprendizes e era elevada a incidência de continuidade dos estudos ou sua intenção entre os egressos, que tendiam a buscar formação em níveis técnico e superior, mesmo que tivessem ingressado na aprendizagem profissional apenas por necessidades socioeconômicas e sem esses planos inicialmente.

De valor indiscutível, essas avaliações revelam efeitos globais dessa experiência, considerando-se cursos preparatórios, prática de estágios, acompanhamento no trabalho e as intervenções de carreira. No entanto, pouco se direcionam a aspectos do desenvolvimento dos jovens em termos comportamentais e afetivos, a exemplo de conhecimentos, habilidades e atitudes relevantes na preparação para o trabalho, planejamento de futuro e enfrentamento de desafios profissionais. A apuração de efeitos em variáveis dessa natureza traria pistas mais específicas quanto à eficácia da orientação profissional e de carreira em si. Para suprir tal lacuna, as instituições foram convidadas a participar de duas pesquisas, relatadas a seguir.

Estudo realizado por Aguillera (2013) avaliou a maturidade vocacional[4] e a autoeficácia[5] no desenvolvimento de

4. A maturidade vocacional foi concebida por Super (1983) como indicador do grau do desenvolvimento vocacional ao longo da vida; refere-se a um estado de prontidão (*readiness*) necessário para lidar com tarefas de decisão vocacional, mais tarde traduzido em competências disposicionais relacionadas com o processo de escolha da carreira. No entanto, conforme a evolução do conceito observado em Savickas (2000) e Silva (2004), para efeito de investigação e intervenção vocacional, atualmente ele é compreendido como o grau de preparação dos sujeitos para realizar decisões de carreira. Usualmente, tem-se traduzido em conhecimentos, habilidades e atitudes em termos de exploração (busca de informações e recursos que permitam uma decisão mais consciente) e planificação de carreira (definição de metas e estratégias para nortear ações e o alcance de objetivos).

5. Conceitualmente, a autoeficácia se refere às crenças das pessoas acerca de suas capacidades para alcançar determinados níveis de rendi-

carreira com 470 aprendizes de 14 a 20 anos. Como medidas, foram adotados o Inventário de Autoeficácia no Desenvolvimento da Carreira — CD-SEI/BR — e o Questionário de Educação à Carreira (QEC), que avalia as dimensões *sentido e importância do trabalho* e *preparação para a carreira*, esta última se desdobrando nas subdimensões *planificação* e *exploração vocacional*. Os jovens atendidos pelas duas instituições tiveram desempenho elevado nas medidas e, estatisticamente, os modelos de intervenção adotados revelaram resultados equivalentes em termos de exploração e planificação de carreira. Apesar do sucesso evidente de ambos em todas as dimensões avaliadas, foram observadas diferenças significativas em favor da Instituição Alfa apenas quanto a sentido e importância do trabalho e autoeficácia. Considerou-se que, possivelmente, tais diferenças não apenas se devem ao modelo transversal de educação para a carreira nela desenvolvido, mas também podem ser influenciadas por fatores contextuais: a tradição e cultura forte da instituição, o momento de expansão que vivenciava, sua localidade (cidade economicamente forte, em franco crescimento industrial) e o convívio com modelos de sucesso dos egressos, que participam diretamente de sua gestão.

Também o estudo de Aguillera *et al.* (2013) foi realizado no contexto das duas instituições em questão, além de duas escolas públicas de ensino médio, uma delas voltada para o

mento. Nas palavras de Bandura (1997, p. 3), pode ser definida como as "crenças de alguém em sua capacidade de organizar e executar cursos de ação requeridos para produzir certas realizações". Segundo Lent, Brown e Hackett (1994), deve ser considerada uma influência significativa para o desenvolvimento da carreira, tendo Arulmani (2005) destacado seu efeito em jovens mais vulneráveis.

ensino técnico. As quatro tinham suas vagas disputadas por desempenho em processos seletivos, os chamados vestibulinhos, pois eram muito reconhecidas na região pela qualidade dos serviços prestados, fosse a aprendizagem profissional, a formação técnica ou a preparação para o vestibular. No caso das escolas públicas, ambas tinham histórico positivo de aprovações de ex-alunos em universidades federais e estaduais. O objetivo foi comparar resultados em autoeficácia no desenvolvimento de carreira, verificando possíveis diferenças entre jovens que vivenciam e não vivenciam experiências em programas de aprendizagem profissional. Foram avaliados 410 estudantes de 16 a 20 anos, de ambos os sexos, todos frequentando o terceiro ano do ensino médio, sendo 169 deles ativos profissionalmente como aprendizes. Análises descritivas e o teste t de Student evidenciaram diferenças altamente significativas ($p < 0{,}001$) em todas as dimensões da autoeficácia, avaliadas pelo CD-SEI/BR, em favor dos jovens em Aprendizagem Profissional. Tal experiência, portanto, parece potencializar as competências necessárias à transição escola-trabalho, como planejamento de carreira (considerando-se aspectos ligados a projeto de futuro e preparação para ele), informação para escolha profissional, preparação para procura de emprego e definição de objetivos de carreira. Porém, vale considerar que o acesso à orientação profissional e de carreira não foi uma variável controlada, certamente uma influência fundamental em favor do grupo que se destacou.

Diante de tais resultados, não se pode negar: as práticas de educação para a carreira no contexto da aprendizagem profissional aqui ilustradas mostram-se eficazes e têm colaborado com o desenvolvimento de conhecimentos, habilidades e atitudes relevantes à carreira dos jovens aprendizes. No entanto, mais pesquisas precisam ser desenvolvidas, com diferentes focos de análise. O ideal seria a adoção permanente de avaliações sistemáticas das intervenções de carreira, com o uso de instrumentos adequados, buscando garantir o registro mais fidedigno de seus efeitos e uma visão mais acurada de sua eficácia. Afinal, o mesmo se recomenda nos diversos cenários em que a orientação profissional e de carreira é proposta.

Considerações

As experiências aqui ilustradas evidenciam que os programas de aprendizagem profissional são espaços propícios a intervenções que cabem ser reconhecidas como educação para a carreira (EpC), cumprindo com o propósito inicial do presente capítulo. As instituições formadoras, apesar de não configurarem escolas vinculadas à rede regular de ensino nem estarem submetidas à regulamentação do MEC, são educativas por natureza, indiscutivelmente. Mais que isso: não apenas se dedicam à qualificação para o trabalho, mas também se configuram serviços de apoio ao emprego e mediação de mão de obra, especialmente em atenção aos mais jovens e com necessidades de inserção profissional precoce. Portanto, estão no bojo de contextos favoráveis à EpC, conforme defendido por Rodríguez-Moreno (2008). Além disso, as formas como executam tais programas enquadram-se nos modelos reconhecidos por Watts (2001): uma oferecendo a educação para a carreira na forma de disciplinas próprias e a outra na perspectiva de infusão curricular, a mais desafiadora e recomendada por Hoyt (1995, 2005), seu precursor.

Embora a avaliação de resultados seja ainda incipiente, se somados os indicadores institucionais de satisfação com o serviço, conquista de emprego e continuidade dos estudos com os resultados evidenciados nas pesquisas mencionadas, não restam dúvidas de que os programas de aprendizagem em foco têm trazido ganhos significativos ao desenvolvimento profissional dos jovens. No entanto, foram escolhidos exatamente por se destacarem em suas propostas pedagógicas e colocarem em ação a orientação profissional e de carreira, o que não é uma realidade em todas as instituições formadoras. Sabe-se que entre as várias cadastradas no Cnap existe uma diversidade de modelos e propostas que diferem muito entre si — em termos de estrutura, cursos ministrados, acompanhamento dos jovens no trabalho, equipe condutora e até mesmo em relação ao cumprimento de exigências legais próprias da aprendizagem profissional. Portanto, trata-se de um contexto promissor, mas ainda pouco explorado e que precisa ser mais bem conhecido em suas particularidades e em seu dinamismo.

As lacunas são diversas e ainda há muito a ser feito e investigado, acompanhando as inovações que têm sido legalmente propostas e regulamentadas com relativa frequência. Com o novo Plano Nacional de Aprendizagem Profissional, aprovado em abril de 2018, aumentam os desafios. A intensificação da prioridade a públicos mais vulneráveis, o monitoramento de egressos e a capacitação de entidades formadoras são recomendados, dando abertura a novos estudos e olhares. Diante disso, ressalta-se a importância de que outros pesquisadores demonstrem interesse pela área, além da própria divulgação dos trabalhos realizados pelas equipes das instituições, recomendando-se a adoção de medidas mais sistemáticas de seus resultados, que permitam conciliar prática e pesquisa. Fica o chamado ao compartilhar de saberes e fazeres.

Por fim, vale dizer que não foi objetivo desse relato de experiências colocar em discussão as vantagens e desvantagens dessa política, erros e acertos, implicações sociais, nem analisá-la numa perspectiva crítica, o que também é relevante e merece a atenção dos pesquisadores. Propôs-se apenas colocar em foco formas de promover educação para a carreira em seu contexto, já concretizadas e com evidências de resultados positivos. Que a abertura ao debate possa impulsionar avanços e encontros futuros.

Referências

AGUILLERA, F. *Projeto de vida e preparação para a carreira de jovens aprendizes: da realidade à intervenção*. Tese (doutorado em Psicologia), Faculdade de Filosofia, Ciências e Letras de Ribeirão Preto, Universidade de São Paulo, São Paulo, 2013.

AGUILLERA, F. *et al.* "Auto-eficacia en el desarrollo de carrera: comparando estudiantes brasileros con y sin aprendizaje profesional". In: *Memorias–II Congreso Iberoamericano de Orientación*. La Plata: Universidad Nacional de La Plata, 2013.

ARULMANI, G. "Skill literacy: a bridge into the world of work for disadvantaged youth". In: *AIOSP International Conference. Careers in context: new challenges and tasks for guidance and counseling*. Lisboa: Aiosp, 2005.

BANDURA, A. *Self-efficacy: the exercise of control*. Nova York: W. H. Freeman and Company, 1997.

BRASIL. Decreto-Lei n. 5.452, de 1º de maio de 1943. Aprova a Consolidação das Leis do Trabalho. Disponível em: <http://www.planalto.gov.br/ccivil_03/decreto-lei/Del5452.htm>. Acesso em: 22 maio 2018.

______. Lei n. 8.069, de 13 de julho de 1990. Dispõe sobre o Estatuto da Criança e do Adolescente e dá outras providências. Disponível em: <http://www.planalto.gov.br/ccivil_03/leis/l8069.htm>. Acesso em: 22 maio 2018.

______. Lei n. 10.097, de 19 de dezembro de 2000. Altera dispositivos da Consolidação das Leis do Trabalho — CLT. Disponível em: <http://www.planalto.gov.br/ccivil_03/leis/l10097.htm>. Acesso em: 22 maio 2018.

______. Lei n. 11.180, de 23 de setembro de 2005. Institui o Projeto Escola de Fábrica, autoriza a concessão de bolsas de permanência a estudantes beneficiários do Programa Universidade para Todos — Prouni, institui o Programa de Educação Tutorial — PET, altera a Lei nº 5.537, de 21 de novembro de 1968, e a Consolidação das Leis do Trabalho — CLT, aprovada pelo Decreto-Lei n.452, de 1º de maio de 1943, e dá outras providências. Disponível em: <http://www.planalto.gov.br/ccivil_03/_ato2004-2006/2005/lei/l11180.htm>. Acesso em: 22 maio 2018.

______. Lei n. 11.788, de 25 de setembro de 2008. Dispõe sobre o estágio de estudantes; altera a redação do art. 428 da Consolidação das Leis do Trabalho — CLT, aprovada pelo Decreto-Lei nº 5.452, de 1º de maio de 1943, e a Lei nº 9.394, de 20 de dezembro de 1996; revoga as Leis nºs 6.494, de 7 de dezembro de 1977, e 8.859, de 23 de março de 1994, o parágrafo único do art. 82 da Lei nº 9.394, de 20 de dezembro de 1996, e o art. 6º da Medida Provisória nº 2.164-41, de 24 de agosto de 2001; e dá outras providências. Disponível em: <http://www.planalto.gov.br/ccivil_03/_ato2007-2010/2008/lei/l11788.htm>. Acesso em: 22 maio 2018.

GUICHARD, J. "A century of career education: review and perspectives". *International Journal for Educational and Vocational Guidance*, v. 1, n. 3, 2001, p. 157-76.

HOYT, K. B. "Career education: what's doable now?" In: *Sacramento Career Education Conference*, Sacramento, Califórnia, 1975.

______. "El concepto de educación para la carrera y sus perspectivas". In: RODRÍGUEZ, M. L. (org.). *Educación para la carrera y diseño curricular: teoría y práctica de programas de educación para el trabajo*. Barcelona: Universitat de Barcelona, 1995, p. 15-37.

______. "Career education as a federal legislative effort". In: *Career education: history and future*. Oklahoma: National Career Development Association, 2005, p. 3-74.

JENSCHKE, B. "A cooperação internacional: desafios e necessidades da orientação profissional e do aconselhamento em face das mudanças mundiais no trabalho e na sociedade". *Revista Brasileira de Orientação Profissional*, v. 4, n. 1-2, 2003, p. 35-55.

LALANDE, V.; MAGNUSSON, K. "Measuring the impact of career development services in Canada: current and preferred practices". *Canadian Journal of Counseling*, v. 41, n. 3, 2007, p. 133-44.

LENT, R. W.; BROWN, S. D.; HACKETT, G. "Towards a unifying social cognitive theory of career and academic interests, choice and performance". *Journal of Vocational Behavior*, v. 45, 1994, p. 79-122.

MELO-SILVA, L. L.; JACQUEMIN, A. *Intervenção em orientação vocacional/profissional: avaliando resultados e processos*. São Paulo: Vetor, 2001.

MUNHOZ, I. M. S.; MELO-SILVA, L. L. "Educação para a carreira: concepções, desenvolvimento e possibilidades no contexto brasileiro". *Revista Brasileira de Orientação Profissional*, v. 12, n. 1, 2011, p. 37-48.

MUNHOZ, I. M. S.; MELO-SILVA, L. L.; AUDIBERT, A. "Educação para a carreira: pistas para intervenções na educação básica". In: LEVENFUS, R. S. (org.). *Orientação vocacional e de carreira em contextos clínicos e educativos*. Porto Alegre: Artmed, 2016.

NEIVA, K. M. *Manual: escala de maturidade para a escolha profissional (EMEP)*. São Paulo: Vetor, 1999.

ORGANIZATION FOR ECONOMIC CO-OPERATION AND DEVELOPMENT (OECD). *Career guidance and public policy bridging the gap*. Paris: OECD, 2004.

RODRÍGUEZ-MORENO, M. L. "A educação para a carreira: aplicação à infância e à adolescência". In: TAVEIRA, M. C.; SILVA, J. T. *Psicologia vocacional: perspectivas para a intervenção*. Coimbra: Imprensa da Universidade de Coimbra, 2008.

SAVICKAS, M. L. "Assessing career decision making". In: WATKINS, C. E.; CAMPBEL, V. L. (orgs.). *Testing and assessment in counseling practice*. Mahwah: Lawrence Erlbaum Associates, 2000, p. 429-77.

SILVA, J. M. T. (2004). Avaliação da maturidade da carreira. In: LEITÃO, L. M. (org.). *Avaliação psicológica em orientação escolar e profissional*. Coimbra: Quarteto, 2004, p. 265-316.

SUPER, D. E. *The psychology of careers*. Nova York: Harper & Row, 1957.

______. "Assessment in career guidance: toward truly developmental counseling". *Personnel and Guidance Journal*, v. 61, 1983, p. 555-62.

WATTS, A. G. "Career education for young people: rationale and provision in the UK and others European countries". *International Journal Educational Vocational Guidance*, v. 1, n. 3, Dordrecht, 2001, p. 209-22.

PARTE 4

SOBRE TRABALHO E CARREIRA NA CONTEMPORANEIDADE

ORIENTAÇÃO PROFISSIONAL E MUNDO DO TRABALHO: REFLEXÕES COM BASE NAS PERSPECTIVAS SOCIOLÓGICA E ECONÔMICA[1]

MARILU DIEZ LISBOA

7

Introdução

No presente capítulo serão trabalhados conceitos relativos ao mundo do trabalho contemporâneo, considerando-se as mudanças que vêm se processando desde o início da década de 1990 e suas consequências nas relações homem-trabalho. Nesse contexto, as possibilidades de escolha profissional se fazem muito importantes, não somente na busca de realização pessoal, mas, fundamentalmente, na abertura da consciência e no entendimento mais profundo sobre um novo cenário que se apresenta.

Uma vez que essas mudanças são extremamente significativas, o fórum da orientação profissional torna-se um dos mais apropriados para discussões que não necessariamente ocorrem na família ou em outros meios, no que tange à pessoa que escolhe e à realidade. Cobranças, ideias e ideais desvinculados dessa realidade são alguns dos pontos que merecem ser confrontados, na condição de reflexão e cons-

1. Texto adaptado da tese de doutoramento de Marilu Diez Lisboa: "Orientação profissional e o atual mundo do trabalho: a busca de um novo significado frente a um novo cenário", publicada em Levenfus e Soares (2002).

trução de um projeto de futuro baseado mais no conhecimento do que na dinâmica do mundo do trabalho.

Este capítulo traz elementos para a reflexão de profissionais ligados à OP, orientandos e da sociedade em geral, contribuindo para a tomada de ciência sobre essa área do conhecimento. Também estimula os orientadores profissionais a refletir sobre a importância do compromisso social que seu trabalho encerra, sobretudo considerando-se, com base na análise objetiva feita, os encaminhamentos que historicamente o trabalho vem tomando no sistema econômico e social em que vivemos.

Cabe citar que, como preocupação e tema de pesquisa desta autora, a discussão se mantém, ainda vindo a público como conteúdo de aulas no Curso de Formação em Orientação Profissional e de Carreira do Instituto do Ser — Orientação Profissional e de Carreira e como projeto de publicação a partir de novos achados advindos de estudos e pesquisas posteriores à do doutoramento.

O trabalho na Segunda Revolução Industrial

Para facilitar o entendimento do que ocorre no atual mundo do trabalho, com respeito ao seu processo bem como às relações que nele se estabelecem, faz-se importante uma breve análise das concepções sobre o trabalho que embasam o presente capítulo, bem como o que vem ocorrendo nesse campo a partir da Segunda Revolução Industrial.

O conceito de trabalho começa a ser formulado como dimensão física, como esforço e energia despendidos por seres humanos, animais ou máquinas, postos a serviço da satisfação das necessidades humanas (Liedke *apud* Cattani, 1997).

Em *O capital*, Marx (1968) descreve o trabalho como dispêndio de energia física e mental que contribui para a reprodução da vida humana, individual e social. Ou seja, o trabalho constrói e transforma a sociedade e as relações que nela se estabelecem. O autor concebe o trabalho em duas dimensões: a do concreto e a do abstrato, ou seja, do ponto de vista do valor de uso e do valor de troca das mercadorias. Nesse sentido, deixa muito clara a relação entre a produção de bens materiais e sua possibilidade de aquisição/utilização por parte de quem os produz, que não é necessária, uma vez que o produzir ou o ganho com a produção não necessariamente possibilita ao trabalhador consumir aquele bem.

Marx faz a crítica à economia política clássica (Adam Smith em *A riqueza das nações*, de 1776), apontando as relações de produção capitalistas como de valores de troca, objetivando a acumulação de capital — pelos proprietários de terras e dos meios de produção — por meio da expropriação da mais-valia — advinda da força de trabalho dos trabalhadores. Segundo Liedke (*apud* Cattani, 1997, p. 271), "a venda da força de trabalho torna-se a única alternativa do trabalhador livre para obter, através do salário, sua sobrevivência".

Marx enfatiza, ainda, como um dos pilares de sua teoria, que a troca no processo de compra e venda de força de trabalho não é, de maneira nenhuma, uma troca de equivalências, porque nela está necessariamente presente um excedente que é apropriado pelo capitalista. Assim, atenta para a posição do trabalhador como alguém que, além de vender sua força de trabalho, situa-se numa posição inferior quanto às possibilidades de acesso não somente aos bens de consumo como ao nível de vida, na condição de classe social.

Na chamada Era Moderna, após o advento das grandes navegações, o mundo ocidental centrou-se na expansão dos mercados e na manufatura, com base nos princípios de liberdade de mercado, autodeterminação individual e racionalidade científica. Foi nesse contexto que na Europa sedimentou-se, entre os séculos 18 e 19, o processo de diferenciação do mercado capitalista, ou seja, a oposição entre trabalho e não trabalho ou lazer, bem como a separação das esferas doméstica e pública da vida social. Ao mesmo tempo, ocorreu a diferenciação entre trabalho livre e assalariado, sendo este desempenhado *na* e *para* a produção, o que, segundo Liedke (*apud* Cattani, 1997, p. 273),

> [...] tornou-se importante referencial para o desenvolvimento emocional, ético e cognitivo do indivíduo ao longo do seu processo de socialização e, igualmente, para o seu reconhecimento social, para a atribuição de prestígio social intra e extragrupal. O desemprego tornou-se fonte de tensão psicossocial, tanto do ponto de vista individual como para a vida comunitária.

No início do século 20, mais precisamente em 1913, Henry Ford introduziu em sua fábrica em Detroit um modelo de produção e gestão baseado em um sistema de inovações técnicas e organizacionais, tendo como objetivo a produção e o consumo em massa, mais conhecidos como produção em série. Como prática de gestão, o fordismo separa radicalmente a concepção da execução, com base em um trabalho simplificado e fragmentado, de curtos ciclos operatórios e requerendo pouca formação e pouco tempo de treinamento dos trabalhadores.

Taylor, por sua vez, deu início à chamada "administração científica do trabalho", que se firmou como princípio de gerência e organização do trabalho, nos Estados Unidos, a partir das últimas décadas do século 19. Esta se baseava em três princípios: dissociação do processo de trabalho das qualificações dos trabalhadores; separação da concepção e da execução do trabalho; e uso do monopólio sobre o conhecimento para controlar os distintos passos do processo de trabalho e seu modo de execução.

As duas formas introduzidas por Ford e Taylor inserem-se no período que foi marcado pela chamada Segunda Revolução Industrial, caracterizada inicialmente pela introdução da eletricidade, do motor a explosão, da química orgânica, dos materiais sintéticos e da manufatura de precisão. Quanto às relações de trabalho, estas se baseavam no descrito na chamada Era Moderna, trazendo mudanças fundamentais no que se refere à fragmentação do trabalho e na relação de desigualdade e à possibilidade de exclusão dos indivíduos com relação ao sistema produtivo — e, consequentemente, à sociedade constituída.

O trabalho na Terceira Revolução Industrial

Mas é na Terceira Revolução Industrial que surge o momento mais relevante e inquietante para os trabalhadores e para a sociedade. Ela se caracteriza pela ruptura do paradigma industrial e tecnológico, pelo advento da microeletrônica e pelo avanço das telecomunicações e pelo incremento da automação, acirrando-se a partir das três últimas décadas do século 20. Também o capital mundial foi restruturado, com a dominância financeira se sobressaindo à produtiva.

Como representante desses novos tempos e paradigmas, temos o toyotismo — que expressa a expansão do capitalismo monopolista do Japão após 1945 —, em que o capital explora a dimensão cognitiva da classe trabalhadora para que a empresa seja mais competitiva no mercado. Trata-se de uma forma de organização do trabalho constituída a partir da fábrica japonesa Toyota, cujos princípios vêm se expandindo no Ocidente, dos países mais avançados aos subordinados. Tem como características básicas, segundo Antunes (2001a, p. 23):

> 1. sua produção muito vinculada à demanda;
> 2. é variado e bastante heterogêneo;
> 3. fundamenta-se no trabalho operário em equipe, com multivariedade de funções;
> 4. tem como princípio o "just in time", o melhor aproveitamento possível do tempo de produção, e funciona segundo o sistema de "kanban", placas ou senhas de comando para reposição de peças e de estoque, que, no toyotismo, devem ser mínimos. Enquanto na fábrica fordista cerca de 75% eram produzidos no seu interior, na fábrica toyotista somente cerca de 25% é produzido no seu interior. Ela horizontaliza o processo produtivo e transfere a "terceiros" grande parte do que anteriormente era produzido dentro dela.

Daí se firmam relações de trabalho particulares em que a "qualidade total" aparece como relevante no processo produtivo; são instituídos os círculos de controle de qualidade, grupos formados pelos próprios trabalhadores que discutem o trabalho e o desempenho, buscando a melhoria da produtividade da organização. E esta, segundo Antunes (2001a, p. 23), "em verdade, é a nova forma de apropriação do saber fazer intelectual do trabalho pelo capital".

O autor nos incita a pensar no despotismo que essa exigência encerra, mesclado à manipulação do trabalho, significando um envolvimento muito mais profundo e alienado do empregado. Assim, o operário deverá pensar e fazer pelo e para o capital, aprofundando seu estado de subordinação. Dessa forma, criou-se uma contradição representada, de um lado, por uma escala minoritária de trabalhadores "polivalentes" ou "multifuncionais", que acumulam funções que antes ficavam sob a responsabilidade de outros pares, e, de outro, por um grande contingente de empregados que exercem seu ofício de forma precária ou no desemprego.

É nesse contexto que se pretende situar as reflexões concernentes ao novo cenário que se apresenta no mundo do trabalho, entendendo-se por mundo do trabalho os processos que vão desde a forma produtiva até as relações que se estabelecem dentro dos novos paradigmas propostos, buscando-se uma compreensão mais clara do que pode ser sugerido aos orientadores profissionais na condição de agentes facilitadores do processo de reflexão sobre o projeto profissional de jovens e adultos.

Sobre o atual cenário do mundo do trabalho

Vivemos na última década do século 20 problemas relativos às mudanças no mundo do trabalho que se refletiram no Brasil de forma grave e com perspectivas ameaçadoras, problemas esses advindos de décadas anteriores, sendo a de 1980 denominada, por muitos economistas, "a década perdida". Segundo Mattoso (2000), nesse período ocorreu no Brasil uma redução de 3,3 milhões de empregos formais. Além disso, um terço da população economicamente produtiva estava alocada no trabalho informal e precarizado. Paralelamente a isso, segundo estatística trazida pelo autor, 1,5 milhão de jovens ingressam no mercado de trabalho anualmente, o que, em uma década, implica 15 milhões de novos postos de trabalho que deveriam estar disponíveis. Necessariamente, contando com mais esse contingente, mais desempregados ou subempregados passam a se somar às fileiras dos já existentes.

Percebemos que o capitalismo, hoje, quer o trabalhador disponível, mesmo tratando-se daquele contingente mais qualificado. Essa qualificação, segundo Antunes (2001b), é um mero requisito ideológico. Assim, à medida que há uma vaga muito disputada, aquele que tiver mais qualificação será o aproveitado, embora seu nível de conhecimento não seja uma necessidade objetiva à função; na mesma medida, ele abraça o trabalho, sendo duplamente seu refém: primeiro, como única maneira de sobrevivência e, segundo, aproveitando as chances cada vez mais escassas dentro de uma competição cada vez mais desmedida.

A fim de analisar historicamente a precarização das condições e relações de trabalho e a exclusão do mercado de trabalho no Brasil, nos reportaremos às décadas de 1950 a 1970, quando foi construída uma conformação socioeconômica baseada na industrialização e no Estado como ator básico na regulação das relações da economia nacional. Embora esse momento tenha gerado uma expressiva possibilidade de novos empregos e estimulado o desenvolvimento de outros setores da sociedade, aquele padrão de desenvolvimento, em si, foi marcado, na década de 1980, pela piora da situação da sociedade, incluindo a ampliação da pobreza, o aumento da desigualdade de renda e a deterioração das condições ocupacionais (Baltar, Dedecca e Henrique, 1997).

A partir de 1990, houve um agravamento no quadro social. Segundo Baltar, Dedecca e Henrique (1997, p. 100), os responsáveis por esse quadro são, basicamente:

> 1. a privatização e a focalização das atividades do Estado em conjunto com uma maior exposição da economia nacional à concorrência internacional;
> 2. privatização de empresas siderúrgicas e químicas, gerando uma mudança de tipo de gestão e um enxugamento do quadro de pessoal empregado;
> 3. diversificação e redução da gama de mercados operados por grupos do setor produtor de bens de capital, com redução do contingente de empregados;
> 4. ajustes produtivos, patrimoniais e financeiros importantes em diversos segmentos industriais, o que implica perda de parte das relações inter e intrassetoriais, comprometendo o funcionamento do setor industrial como sistema e, por decorrência, sua capacidade de geração de empregos.

A pessoa na "nova ordem" do trabalho

As mudanças na nova "ordem" do trabalho afetam diretamente as pessoas, não somente na condição de profissionais, mas, também, em sua identidade, seus valores, seus projetos e suas ações. No entanto, ao analisar essa situação, constataremos que algumas questões devem ser investigadas com maior cuidado, no sentido da sua apropriação e, também, de manter-se um domínio sobre elas e não somente uma submissão ou uma concepção determinista e/ou imobilista.

Alguns sociólogos têm se preocupado em analisar o que as estruturas "frouxas" determinam no que tange às consequências nos procedimentos das pessoas, estudando essas questões de forma muito elucidativa. Tomando as ideias de Ronald Burt (*apud* Sennett, 2009) para a compreensão desse tipo de estrutura, temos que uma das peculiaridades das organizações "frouxas" são as brechas e os desvios que apresentam como possibilidades que determinam trocas de lugar, configurando a facilidade de movimentação dos indivíduos. Segundo Sennett (2009, p. 99):

> A incerteza na rede favorece as chances de movimento; o indivíduo pode aproveitar-se de oportunidades não previstas por outros, explorar controles fracos da autoridade central. Os "buracos" numa organização são os locais de oportunidade, não as vagas claramente definidas de promoção numa pirâmide burocrática tradicional.

Segundo o autor, não se trata propriamente de um caos, mas da possibilidade de correr riscos. E riscos, segundo sociólogos que estudam a mobilidade nas redes, envolvem mais que oportunidades. Riscos implicam incerteza e ambiguidade. E é isto que está ocorrendo no chamado capitalismo flexível: uma desorientação numa marcha para a incerteza, para o que Sennett (2009) chama de "buracos estruturais". Estes, segundo ele, ocorrem de três formas específicas: por mudanças laterais ambíguas, por perdas retrospectivas ou por resultados salariais imprevisíveis.

A primeira nos mostra que as pessoas que mudam de emprego, uma vez que as hierarquias são substituídas por redes mais frouxas, experimentam um "movimento para os lados", que se confunde, muitas vezes, com o subir na rede organizacional. Segundo o sociólogo Manuel Castells (*apud* Sennett, 2009), as categorias de emprego se tornam mais amorfas, enquanto a renda fica mais polarizada e desigual.

A segunda é definida por mudanças que não necessariamente estão apropriadas pelas pessoas em suas especificidades, ou seja, essas podem concluir posteriormente que tomaram más decisões.

Por fim, a terceira se apresenta mediante o salário ganho, que, dentro de suas estatísticas, diante das mudanças na economia atual, revela perspectivas desencorajadoras.

Por essas razões, o autor nos faz refletir sobre a mobilidade ocupacional nas sociedades contemporâneas como um processo ilegível. Enfatiza o contraste desse tipo de negociação com o realizado por sindicatos, uma vez que os últimos representam um grande grupo de trabalhadores, ligados a grandes instituições. Ao contrário do que mencionamos antes, que se traduz num traçar de caminhos mais individualizados e fluidos para promoções ou salários.

Sabemos, porém, que esses novos procedimentos estão ligados a um conceito muito em voga na nova "ordem" do trabalho: o de flexibilidade. O significado dessa palavra remonta ao século 15, advindo da língua inglesa, cujo sentido partiu da observação do movimento da árvore com o vento: embora esta se dobrasse ao sabor dos ventos, seus galhos voltavam à posição normal. Assim, fazendo uma analogia com o ser humano, temos, segundo Sennett (2009), que em termos ideais o comportamento flexível deveria ter a mesma força tênsil, ou seja, ser adaptável às várias circunstâncias, mas não ser quebrado por elas.

Existe um desejo pessoal de liberdade, de estar aberto à mudança, de ser adaptável. Mill (*apud* Sennett, 2009) expressa bem essa ideia, enfocando o ser humano livre porque capaz de transformação. No entanto, o que se propõe com base na nova economia política é uma busca de flexibilidade que produz novas formas e estruturas de poder e controle, diferentemente do que seria a criação de condições libertadoras.

Para sedimentar essa ideia, Sennett (2009) nos coloca diante de três elementos fundamentais da moderna forma de flexibilidade: reinvenção descontínua das instituições; especialização flexível de produção; e concentração de poder sem centralização.

No primeiro caso, não existe uma continuidade entre o passado e o presente. Os preceitos administrativos atuais partem da crença de que redes elásticas são mais propícias à reinvenção do que as hierarquias piramidais, como as que existiam na era fordista. Ou seja, o sistema é concebido como fragmentado, havendo a possibilidade de intervir numa parte sem que outras sejam afetadas. Um exemplo disso é o chamado *delayering* (que significa "remover camadas"), que visa diminuir o número de administradores controlando um maior número de subordinados e aumentando o número de tarefas a ser cumpridas pelos primeiros. Assim, tivemos como tradução mais conhecida a "reengenharia", que não significa nada mais do que redução de empregos; fazer mais com menos. Sennett (2009) nos mostra o que esse procedimento significou entre 1980 e 1995 nos Estados Unidos: redução de empregados, variando de um mínimo de 13 milhões a um máximo de 39 milhões. Essa redução necessariamente implicou um aumento da desigualdade econômica e social, uma vez que somente uma minoria de trabalhadores teve a oportunidade de substituir seu emprego por outro com salário equivalente ou maior.

O segundo elemento da moderna forma de flexibilidade — especialização flexível de produção — tem como princípio colocar uma variedade maior de produtos no mercado em um tempo cada vez menor. Trata-se da antítese do sistema produtivo da era fordista, sendo a linha de montagem substituída por ilhas de produção especializada. Essa forma de ação produtiva inclui alta tecnologia, rapidez das modernas comunicações e exigência de rapidez na tomada de decisões. Assim, presta-se muito ao pequeno grupo de trabalho. Numa organização piramidal extremamente burocratizada, seria possível a rápida tomada de decisões, uma vez que as propostas teriam de subir ao ápice da pirâmide.

E o terceiro elemento — concentração sem centralização de poder — traduz-se por dar um grau de responsabilidade às pessoas postas nas categorias inferiores de produção. Não poderíamos deixar de considerar que passam a existir novas formas de poder, baseadas em desigualdade e arbitrariedade, o que incorre numa dominação do alto, sim, forte, mas informe. Assim, uma vez que a estrutura organizacional tornou-se mais complexa e não mais simples, permanece sob outra forma o controle dos detentores do capital, mas sem efetivamente uma falta de centralização de poder.

Segundo Sennett (2009), dois traços definem, no ser humano, o caráter compatível com a nova "ordem" do trabalho quanto à flexibilidade: a falta de apego em longo prazo e a tolerância à fragmentação. O primeiro traço carrega a competição como um dos seus motes. Ou seja, um competidor não tem pudores em destruir o que fez; tem capacidade para largar o que fez, mas sem se dar. O autor exemplifica esse indivíduo com a figura de Bill Gates.

Já a tolerância com a fragmentação também é exemplificada com a figura de Gates, quando coloca, abertamente, que o crescimento das empresas tecnológicas americanas é caótico, assinalado por algumas experiências, erros e contradições. Ou seja, não existe um planejamento burocrático, mas sim o trabalho dirigido a muitas frentes diferentes ao mesmo tempo.

Incluída nos dois traços citados está a capacidade de desprendimento do próprio passado. Isso corresponde ao objetivo citado anteriormente como uma das condições do primeiro elemento fundamental da moderna forma de flexibilidade: a reinvenção descontínua das instituições.

Até aqui comentamos as bases da nova "ordem" do mundo do trabalho, com relação às exigências à pessoa que, nesse contexto, procura se inserir. No entanto, é importante analisar o que ocorre, por outro lado, com quem não consegue cumprir com ditas exigências. Nessa ótica, Forrester (1997, p. 10) nos apresenta o drama das identidades precárias ou anuladas:

> Multidões de seres lutando, sozinhos ou em família, para não deteriorar-se, nem demais nem muito depressa. Sem contar inúmeros outros na periferia, vivendo com o temor e o risco de cair nesse mesmo estado.

Aí reside a triste realidade dos excluídos da nova "ordem" do trabalho. Ocorre que, segundo a autora, o significado de desempregado hoje faz parte de um fenômeno geral, e não particular; que vem se tornando cada vez mais permanente, e não circunstancial; objeto de uma lógica planetária, apresentando efeitos de crueldade para o ser humano, com especificidades que ultrapassam sua capacidade de análise, ao mesmo tempo que o vitimiza e paralisa. Dentro dessa lógica, a autora nos acena com uma análise do que chama do mais constrangedor dos sentimentos: a vergonha.

Temos de convir que a vergonha, reputada à pessoa ou assumida por ela, não é o sentimento apropriado à situação atual. Porém, existe toda uma estrutura economicamente forjada para que essa vergonha se apresente. Trata-se de um sentimento de desvalia, de incapacidade e de incompetência autoatribuído e/ou atribuído pelos outros, sem uma análise objetiva de uma situação erigida sobre valores que não privilegiam o humano.

Segundo Forrester (1997, p. 10):

> Não é o desemprego em si que é nefasto, mas o sofrimento que ele gera e que para muitos provém de sua inadequação àquilo que o define, àquilo que o termo "desemprego" projeta, apesar de fora de uso, mas ainda determinando seu estatuto. O fenômeno atual do desemprego já não é mais aquele designado por essa palavra, porém, em razão do reflexo de um passado destruído, não se leva isso em conta quando se pretende encontrar soluções e, sobretudo, julgar os desempregados. De fato, a forma contemporânea daquilo que se ainda se chama desemprego jamais é circunscrita, jamais definida e, portanto, jamais levada em consideração. Na

verdade, nunca se discute aquilo que se designa pelos termos "desemprego" e "desempregados"; mesmo quando esse problema parece ocupar o centro da preocupação geral, o fenômeno real é, ao contrário, ocultado.

Ocorre que os desempregados, na condição de vítimas de injunções econômicas e sociais, são tratados, julgados e se autojulgam por critérios próprios do tempo em que os empregos eram abundantes. Assim, são julgados e se autojulgam pelas ações que caberiam a providências próprias, pessoais, quando a questão não é pessoal, mas conjuntural.

Em virtude de todos esses fatores até o momento analisados, a orientação profissional adquire uma importância e um papel que podem ser fundamentais para compreender a realidade e discernir entre tantas questões que permeiam a nova "ordem" do trabalho. Passemos a refletir sobre essa área do conhecimento tentando vislumbrar possibilidades de ação que contemplem a realidade do ser humano diante dela.

O papel da orientação profissional na atual realidade do mundo do trabalho

A visão mais comum da orientação profissional, no contexto brasileiro, é a de ajuda na escolha de uma profissão ou carreira, com vistas à satisfação individual, procurando conciliar os desejos pessoais com a realidade do mundo do trabalho. O enfoque principal, portanto, é no sujeito que escolhe. Cabe perguntar: quem é esse sujeito? Ele realmente pode escolher? O que escolhe?

Quanto à primeira questão, temos constatado que aquele que tem acesso a uma possibilidade de escolha é, em grande proporção, considerando-se a sociedade como um todo, o jovem de região urbana, de classes média e média alta, aluno de escola particular, com o objetivo de integrar o mundo do trabalho no papel de um profissional de nível superior, passando, portanto, por um curso universitário. No entanto, essa é uma parcela ínfima da sociedade.

A capacidade de escolha desse jovem tem sido uma dúvida que permeia as reflexões de alguns orientadores profissionais, pelo menos aqueles preocupados efetivamente em analisar o contexto socioeconômico vigente. Se considerarmos escolher fazer opções entre um número de possibilidades ilimitado, esse jovem estará fora de um processo de escolha. No entanto, se considerarmos escolher uma busca cuidadosa de todas as possibilidades, analisando as viabilidades, as contextualizações, as realidades, as prioridades, essa escolha pode existir, mas resulta bastante limitada. As limitações não residem apenas na situação da profissão diante do mercado de trabalho presente e futuro, mas também em limites que vão dos objetivos que cada um tem com a futura profissão aos preconceitos introjetados pelo indivíduo, pela família e pela sociedade à qual pertence — que cobram sem perdão uma “adequação”, em geral vinculada ao objetivo de ter um bom nível socioeconômico, premissa para o encaminhamento das diferentes áreas da existência.

O que normalmente não tem sido considerado pela sociedade e, inclusive, pelos profissionais da área é a questão do conhecimento mais aprofundado do que realmente vem ocorrendo no mundo do trabalho presente e futuro, com base na análise histórica e econômica dessa realidade. Não há preocupação em conhecer o que determina a maior ou menor possibilidade ou chance de inserção do orientando no contexto profissional, premissa para uma busca mais eficaz quanto aos caminhos a seguir.

Este parece ser um ponto fundamental que tem se mostrado bastante inexpressivo no processo de OP: o tratamento mais aprofundado da escolha, no sentido de sair do individual, do que diz respeito apenas ao que é importante para a pessoa. A própria preocupação com o conhecimento da realidade externa, como estão as profissões no mercado de trabalho, o que cada profissão propõe, está centrada no indivíduo. O conhecimento das profissões é buscado apenas para o bem-estar de cada um.

A presente proposta, ao contrário, visa elucidar o significado do trabalho para a coletividade, em sua construção e transformação, na formação de valores, no compromisso com a constituição de uma sociedade pautada em determinados princípios. A escolha de um trabalho, se vista de forma ampla, tem toda uma relação com a postura do indivíduo no meio social, havendo espaço para que ele se coloque como ação no mundo, de acordo com os princípios que podem ser construtores ou destruidores do bem comum: não somente no âmbito do material, mas, muito mais do que isso, dos valores que constroem as relações verdadeiramente humanas e éticas. Nessa dimensão a orientação profissional ainda não se faz expressiva. E é nessa medida, em nossa opinião, que ela necessita crescer.

A título de proposta para a realidade brasileira

Todas essas questões, contempladas como possibilidades para que a orientação profissional ocupe um lugar mais expressivo na sociedade, necessitam ser trabalhadas a princípio nos seguintes âmbitos:

1. governamental: assumido por órgãos representativos da área no sentido da busca/do estabelecimento da regulamentação da profissão de orientador profissional como área específica do conhecimento, vinculada a outras áreas determinadas como, a princípio, a psicologia — em várias das suas especificidades: educacional, organizacional e social — e a pedagogia; assim como constituição, oficialização e institucionalização pelo governo de serviços de orientação profissional gratuitos em parceria com órgãos públicos — por exemplo, Ministério do Trabalho e Emprego e Secretarias do Trabalho —, em níveis estadual e municipal, visando ao trabalho de reorientação profissional e ao treinamento de desempregados, assim como em escolas públicas, abrangendo alunos orientandos e professores, coordenadores e pais;
2. pedagógico: assumido pelos orientadores profissionais responsáveis pela formação de profissionais da área, no sentido de rever os currículos dos cursos superiores que formam orientadores. Não existe uma regulamentação que garanta uma formação sólida, sendo muito relativo o nível de conhecimento trabalhado na área, que varia de acordo com a disciplina e/ou o estágio, do modo opcional à sua obrigatoriedade. Independentemente do nível da formação, sabe-se que todos os psicólogos podem exercer o papel de orientadores profissionais, legitimados pelo seu diploma de formação acadêmica em Psicologia;

3. profissional: maior engajamento na questão sociopolítico-econômica do seu país, base para o conhecimento do mundo do trabalho, no sentido de apropriar-se dos fatos para trabalhar efetivamente sobre uma realidade e não sobre situações irreais e/ou idealizadas que certamente poderão frustrar o futuro profissional;
4. profissional com os orientandos: auxiliar os orientandos a fazer uma reflexão centrada na realidade e nas perspectivas existentes, ajudando-os a aprender a lidar com a realidade social existente, a partir de análise e reflexão sobre seu papel na sociedade na condição de futuro profissional e agente de mudanças;
5. interdisciplinar: com a participação mais efetiva de economistas e sociólogos, dada a importância do seu conhecimento sobre as novas tendências do mundo do trabalho.

A título de reflexão/conclusão para o momento

No Brasil, a OP tende a realizar-se na direção dos movimentos educacionais e do mundo do trabalho, procurando acompanhar os interesses de cada uma dessas áreas: na educação, orientandos jovens, de região urbana, pertencentes às classes média e média alta, estudando em escolas particulares, na busca de um encaminhamento profissional passando por um curso superior; e também, numa frequência menor, mas já mais presente do que em décadas passadas, orientando adultos em processo de reescolha profissional, determinada por várias circunstâncias ligadas às já mencionadas mudanças no mundo do trabalho. Ambos os públicos não têm apoio governamental — no caso das escolas, pouco apoio institucional; no caso de empresas, nenhum apoio organizacional.

Ainda, como procedimentos pontuais apenas, sabe-se que existem outros projetos, ligados a alguns sindicatos, orientando trabalhadores, filhos de trabalhadores e desempregados, não necessariamente em nome da orientação profissional em seu sentido mais amplo. Mas é no trabalho em consultórios particulares de psicólogos que se tem, no Brasil, até nossos dias, que o atendimento em OP contempla os dois tipos de público.

Cabem, nessas circunstâncias, ações mais expressivas por parte da categoria dos orientadores profissionais, bem como ações institucionais por parte de grupos independentes, e principalmente por iniciativa da Associação Brasileira de Orientação Profissionais (Abop), representativa dessa área. Para que isso seja possível e se consolide, é necessária, em primeiro lugar, uma organização das pessoas em grupos. Esta, por sua vez, não se concretiza se não tiver como base a vontade e a disponibilidade desses indivíduos.

Se num mundo mais promissor em termos de oferta de trabalho a orientação profissional não tinha o espaço que merecia, proporcionalmente ao mérito das questões que abraça, numa sociedade economicamente descendente, com problemas sociais graves, quem sabe ela possa florescer. Seu florescimento não diz respeito, no entanto, à escolha de uma carreira de forma alienada, desvinculada da realidade. Ao contrário, a OP deve se constituir num fórum de discussão dos problemas em seu sentido amplo e, a partir daí, trazer a reflexão para cada indivíduo. Essa é a proposta, esse é o convite, começando pelos orientadores profissionais, sem perder de vista o compartilhamento com a sociedade em seus vários âmbitos.

Referências

ANTUNES, R. "As metamorfoses no mundo do trabalho". In: GOMES, A. *O trabalho no século XXI — Considerações para o futuro do trabalho*. São Paulo: A. Garibaldi; Salvador: Sindicato dos Bancários da Bahia, 2001a.

______. "Nunca o capital foi tão destrutivo". *O Espelho*, n. 198, jul. 2001b.

BALTAR, P. E. A.; DEDECCA, C. S.; HENRIQUE, W. "Mercado de trabalho e exclusão social no Brasil". In: OLIVEIRA, A. A. B.; MATTOSO, J. E. L. *Crise e trabalho no Brasil: modernidade ou volta ao passado?* 2. ed. Campinas: Scritta, 1997.

CATTANI, A. D. *Trabalho e tecnologia — Dicionário crítico*. Petrópolis: Vozes, 1997.

FORRESTER, V. *O horror econômico*. 2. reimp. São Paulo: Ed. da Unesp, 1997.

LEVENFUS, R. S.; SOARES, D. H. P. et cols. *Orientação vocacional ocupacional - Novos achados teóricos, técnicos e instrumentais para a clínica, a escola e a empresa*. Porto Alegre: Artmed, 2002.

MARX, K. *O capital*. Livro 1, v. 1. Rio de Janeiro: Civilização Brasileira, 1968.

MATTOSO, J. E. L. "Contextualização econômica — Vetor indispensável na orientação". Palestra proferida na III Jornada Paulista de Estudos em Orientação Profissional, realizada pela Associação Brasileira de Orientadores Profissionais. Piracicaba, São Paulo, set. 2000.

SENNETT, R. *A corrosão do caráter — Consequências pessoais do trabalho no novo capitalismo*. 14. ed. Rio de Janeiro: Record, 2009.

TRANSIÇÃO DE CARREIRA: CONSTRUINDO UM PLANO B[1]

MIGUEL ÂNGELO TIBIRIÇÁ ARGÔLO

08

O PRESENTE CAPÍTULO apresenta uma prática de orientação profissional voltada para profissionais em pleno desenvolvimento das suas atividades. Apoiado num levantamento da trajetória de pessoas em relação ao trabalho, considerando aspectos da organização deste somados às relações próprias impostas pelo sistema capitalista, buscou-se compreender como estão as percepções desses sujeitos sobre o emprego e o trabalho nos dias atuais, por intermédio do processo denominado "Plano B".

A prática do "Plano B" se propõe a contribuir com a construção de alternativas de autogestão da carreira, por meio da compreensão do momento presente e da análise das possibilidades que se apresentam para o profissional, visando subsidiar a tomada de decisão. Trata-se das escolhas de carreira com suas implicações futuras voltadas para a pessoa e o mercado, bem como das influências passadas dessas escolhas.

1. Capítulo desenvolvido como parte do trabalho de conclusão de curso do Curso de Formação em Orientação Profissional e de Carreira do Instituto do Ser — Orientação Profissional e de Carreira, baseado na prática da Maxxima Centro de Carreira, em Salvador (BA).

É fundamental que seja aplicado enquanto o profissional ainda está trabalhando, antes mesmo de deixar o emprego atual. Agir de forma planejada é condição fundamental do processo para que as pressões oriundas das necessidades de remuneração ou de retorno ao mercado não se sobreponham à decisão ou às possibilidades de mudança. É importante que, quando essa análise envolver um novo trabalho, isso seja feito considerando, sem outras influências, a relação da pessoa com esse novo trabalho e até que ponto poderá satisfazer as expectativas estabelecidas, contribuindo de fato com os resultados do negócio. Entende-se como resultados aqueles em que o profissional vai atuar — seja uma organização ou outra atividade produtiva, como uma ação de empreendedorismo à qual vá se dedicar.

Carreira e mundo do trabalho

Considerações sobre modelos de gestão organizacional

O despertar para os fatores subjetivos das pessoas nas organizações apresentou seus primeiros sinais com o movimento da Escola de Relações Humanas. O modelo de organização produtiva e gestão empresarial que vivenciamos hoje tem origem no final do século 19 e início do 20, quando o crescente processo de industrialização nos países desenvolvidos tinha o desafio de empregar mão de obra não especializada visando à produção em massa para atender ao crescimento da população urbana. Os modelos organizacionais da época enfatizavam as tarefas predefinidas por meio de regulamentos e manuais de operação, e preconizavam um rígido controle das pessoas. As Escolas Clássica e Burocrática formam as bases desse pensamento (Teixeira, Salomão e Teixeira, 2010).

A Escola Clássica de Administração, cujo principal articulador foi Frederick Taylor (1856-1915), tinha como focos centrais eficiência e produtividade. Buscava responder a questões como divisão do trabalho, hierarquia de poder e motivação das pessoas para a realização do trabalho, visando, em seu discurso, à prosperidade para patrões e empregados. Para tanto, acreditava ser necessário usar conhecimentos científicos em lugar do empirismo, substituir o individualismo pela cooperação, maximizar os volumes de produção e obter das pessoas o máximo de eficiência no trabalho. Sua visão tecnicista voltou-se para a padronização do trabalho, a simplificação das tarefas e a divisão das pessoas em executantes e planejadores (aqueles que pensam e gerenciam a produção) (Teixeira, Salomão e Teixeira, 2010).

À época, as ideias introduzidas por Taylor transformaram o modo de produção e, nos dias atuais, se mostram "[...] radicais e drásticas quanto à falta de qualidade de vida no trabalho [...]" (*ibidem*, p. 65). Assim, mesmo que inovadoras, essas ideias trazem em si um contexto de condições precárias de trabalho, de grande desconhecimento das funções gerenciais e de desqualificação das pessoas para o desempenho laboral.

Nessa mesma época, Henri Fayol (1841-1925) formulou uma teoria administrativa mais geral, compreendida como essencial para toda empresa, denominada "operações administrativas", diferente daquilo que se encontrava até então nos locais que tratavam de forma separada as demais operações que não a produção de chão de fábrica: as técnicas comerciais, financeiras, de segurança e de contabilidade. À "operação administrativa" atribuíram-se as funções de previsão, organização, direção, coordenação e controle. Posteriormente, estas foram simplificadas em planejamento, execução e controle, constituindo uma grande contribuição conceitual para a administração, que vem sendo aprimorada e desenvolvida desde então (Teixeira, Salomão e Teixeira, 2010).

Taylor e Fayol, juntamente com Henry Ford (1863-1947), que aplicou as ideias de Taylor, desenvolveram o conceito de linha de montagem e direcionaram seus esforços para a produção em série. Ao lado de Max Weber — autor do modelo burocrático —, são considerados os principais autores da Escola Clássica de Administração. Segundo Morgan (1996), os princípios dessa escola, previsível, alheia ao ambiente externo e não desenvolvendo nenhuma atenção pelas questões humanas, são indicadores da construção da metáfora da organização como máquina.

O desempenho no trabalho era uma questão central para a administração científica, mas não no aspecto psicológico e social, próprios do ser humano, com relação aos grupos e às organizações de trabalho. Essa análise tinha como objetivo identificar e eliminar fatores físicos — como luminosidade e pausas para descanso — que pudessem impactar o desempenho no trabalho. No entanto, tais análises apontaram questões até então não discutidas nem entendidas em bases científicas, fazendo que os estudos da psicologia passassem a problematizar as relações humanas no trabalho. Assim, passaram a ser formuladas teorias a respeito da satisfação, da motivação e da relação das pessoas com o trabalho, e de como essas questões se relacionavam com a produtividade.

A Escola de Relações Humanas abriu espaço para estudos sobre motivação para o trabalho, entendimento dos grupos formais e informais, teorias sobre liderança, resistência a mudanças e comunicação nas organizações de trabalho como fatores relacionados à satisfação das pessoas no trabalho com vistas a ganhos em produtividade.

Ainda que tenham sido formulados conceitos sobre as necessidades mais subjetivas das pessoas no trabalho, a produção em massa tinha a necessidade de estimular o consumo em massa, que por sua vez estimulava a produção, criando um círculo virtuoso que funcionou bem e respondeu pelo crescimento econômico e industrial, pelo menos entre 1920 e 1980 (Teixeira, Salomão e Teixeira, 2010).

Nesse período, e até os dias de hoje, por meio de diversas formas de vigilância, efetiva-se o controle do tempo e do espaço de trabalho pela gerência como forma de dominação, tanto no local de trabalho quanto fora, pois é criada uma forma de agir congruente com os padrões estabelecidos pelo sistema de dominação. O uso do tempo e do espaço passa a obedecer a padrões sociais que foram forjados pela necessidade de consumo, existindo um lugar para cada coisa e um tempo definido para cada atividade, seja no âmbito profissional ou na vida pessoal.

Esse modelo de organização do trabalho objetiva racionalizar a produção para obter altos níveis de produtividade, realçando a ideia de separação entre os que idealizam e organizam a produção e os executantes e reforçando um tripé desse modelo — organização do trabalho, regime de acumulação e modo de regulação — que vai além do interior das empresas, pois engloba também a divisão do trabalho entre elas. A sobrevivência desse modelo apoiou-se, entre outros aspectos, na lógica das leis macroeconômicas que determinam as condições de produção, entendidas por produtividade do trabalho, grau de mecanização e importância relativa dos diferentes ramos.

Uma alternativa de regulação desse processo apresenta-se como os costumes e a disponibilidade dos empregados e empresários em aceitá-los. Essa regulação traz em si contradições e busca de mecanismos de ajuste que vão do indivíduo aos princípios coletivos de acumulação institucionais, à exigência da criação de regras de mercado, à legislação social e às redes financeiras, como as leis definidas pelo Estado, ou às convenções coletivas, que são instrumentos particulares. "[...] O regime de acumulação aparece como o resultado macroeconômico do funcionamento do modo de regulação, com base num modelo de organização do trabalho" (Lipietz, 1991, p. 27-28).

Segundo Rago e Moreira (1984), o aspecto mais importante do taylorismo é a concretização da noção de tempo e espaço útil, que foi absorvida pela sociedade industrial como um fator cultural, influenciando a vida das pessoas inclusive fora do ambiente de trabalho.

Para Faria e Meneghetti (2001), esse processo de industrialização apresenta outras formas de dominação mais subjetivas do que atuar no controle do tempo do trabalhador e do espaço de trabalho. Uma delas é a identificação do trabalhador com a organização, estimulando sua participação nos processos e despertando o sentimento de pertencimento a ela. Outra diz respeito ao senso de colaboração, em que o sentimento de grupo torna-se maior que as reivindicações individuais. Em seguida, surge a necessidade de aprimorar a eficácia produtiva como forma de "integridade moral perante os demais" (*ibidem*, p. 10), fazendo que seja cada vez mais intensificada a capacidade de produção. Por fim, busca-se o envolvimento total para se reduzir a necessidade de supervisão no trabalho, proporcionando um ambiente competitivo com um progressivo aumento da entrega, no qual o indivíduo deixa-se "possuir pela sedução e pelo encantamento proporcionados por tais valores" (*ibidem*, p. 12).

Segundo Dejours (1992), nas relações entre patrão e empregado a vontade e o desejo dos trabalhadores se confrontam de forma direta com o comando dos empregadores, por meio da organização do trabalho, que está principalmente associada com a divisão do trabalho e o conteúdo da tarefa. Assim também estão o sistema hierárquico e as modalidades de comando, as relações de poder e as questões de responsabilidade, que podem também constituir fatores motivacionais para o trabalhador, trazendo uma relação de satisfação com o trabalho em si, de mais longo prazo. As condições de trabalho são entendidas como o ambiente em que está inserido o trabalhador. Estabelecer um ambiente com boa aparência e conforto pode seduzi-lo, mas não passa de uma ação de curto prazo, pois não satisfaz as necessidades mais subjetivas do ser humano.

Ainda que sejam introduzidas novas tecnologias ao trabalho com o intuito de aumentar seu grau de sistematização e padronização, haverá lacunas entre o que foi prescrito na organização da tarefa e a forma como ela de fato ocorre, sendo a ação humana responsável por preencher esse vão, por meio de seu agir, da mobilização da sua inteligência e sabedoria, a partir do conhecimento prático e do exercício do trabalho como ação humana (Dejours, 2003).

São três as dimensões do funcionamento humano que não podem ser consideradas de forma isolada: a biológica, a social e a subjetiva. Elas estão integradas e englobadas na cooperação — conduta coordenada que supõe um lugar para onde convergem as contribuições singulares e cristalizam-se as relações de dependência entre os sujeitos, de forma simultânea (Dejours, 2003).

Drucker (1999, p. 9), ao analisar os desafios gerenciais para o século 21, que chamou de "questões quentes de amanhã", descarta conceitos que foram centrais na última década do século 20 e de certa forma ainda o são, como estratégia competitiva, liderança, criatividade, trabalho em equipe e tecnologia, consideradas por ele "questões quentes de hoje". O autor chama a atenção para a mudança de mentalidade das organizações e das pessoas, destacando a necessidade de gerenciarem a si mesmas. Afirma ainda que os profissionais devem buscar se posicionar onde possam dar a maior contribuição possível, mantendo a jovialidade numa vida profissional que deve durar cerca de 50 anos e aprendendo a fazer mudanças, pois prevê que a vida de uma empresa de sucesso não deve chegar aos 30 anos, pelo menos com o mesmo modelo.

Sabe-se hoje que os trabalhadores do conhecimento terão vida profissional mais longa e poderão sobreviver às organizações em que trabalham. Aquelas que conseguirem permanecer ativas farão mudanças em sua estrutura, no trabalho que exigirão dos indivíduos, no conhecimento necessário para o trabalho e no tipo de pessoa que empregarão. Será necessário, portanto, que esse profissional amplie seu autoconhecimento, entenda quais são as suas forças, como realiza seu trabalho, que contribuição pode dar para a organização. Além disso, ele deve assumir a responsabilidade pelo seu desenvolvimento profissional e zelar pela segunda metade de sua vida, pois hoje a longevidade é maior (Drucker, 1999). O processo de ampliação do autoconhecimento leva o profissional a entender no que de fato ele "é bom" e o que ainda não aprendeu. Em sua experiência com orientação de carreira, Ducker (1999) constata que é mais comum as pessoas saberem em que "não são boas", mesmo assim com grande margem de erro. É necessário analisar o desempenho passado, constatar os sucessos e os fracassos, para então ter clareza em que de fato "são boas". Essa análise permite que o profissional se concentre em suas forças, direcionando-as para o alto desempenho e os resultados. Possibilita ainda identificar as possibilidades de desenvolvimento, aprendizado e consciência do conhecimento em outras áreas.

O autor ainda aponta que tanto as organizações quanto as pessoas precisam ter valores, e que sua eficácia nas organizações dependerá da compatibilidade entre eles, mesmo que não sejam os mesmos. Faz-se importante também a escolha do local de trabalho. Mesmo que ela não seja possível no início da carreira, os profissionais devem ter clareza e poder decidir a que lugar não pertencem. Conhecendo suas forças, a maneira como trabalham e seus valores, conseguirão se preparar para as oportunidades.

Esse posicionamento de Drucker (1999) a respeito do autogerenciamento da carreira se alinha aos questionamentos dos modelos de gestão das organizações que centralizam a decisão sobre o trabalho, seu ambiente e sua organização. Ele atribui ao profissional a responsabilidade pela gestão da carreira, por meio de autoconhecimento, responsabilidade pelo seu desenvolvimento, identidade com o trabalho e com seus valores e os da organização. Não se trata de uma possibilidade para os iniciantes, mas para os profissionais mais maduros e em condição de fazer escolhas, pois já venceram as fases de conquistar um espaço no mercado.

Considerações sobre planejamento e transição de carreira

Segundo Soares (2002, p. 36), "carreira é a continuidade da vida do indivíduo no trabalho, para produzir algo; pode ser a sequência de envolvimentos deste nas experiências de trabalho ao longo da vida". As discussões sobre transição de carreira encontram-se entre as muitas possibilidades da orientação de carreira, residindo o principal problema na distância entre o que se é e o que se deveria ser. Surge então a necessidade da orientação, que deve habilitar o indivíduo a protagonizar a busca do seu melhor caminho, sendo capaz de agir de forma efetiva para alcançar seus objetivos.

O planejamento de carreira baseia-se na relação do indivíduo com sua profissão e em seu desenvolvimento como profissional, estando intimamente ligado aos resultados por ele pretendidos. Esse planejamento se mede em comparação com um grupo de referência, considerando as qualidades humanas — algumas relacionadas com a *performance* no trabalho e outras com a própria pessoa contextualizada na estrutura organizacional —, as posições ou cargos ocupados ao longo da vida profissional e as escolhas de carreira — relativas às decisões tomadas quanto à escolha da ocupação, à trajetória no trabalho, incluindo as organizações de pertencimento, e a tantos outros fatores, como a mobilidade geográfica e treinamentos e capacitações realizados (Soares, 2000).

A transição de carreira guarda relação direta com a idade adulta, da juventude ao envelhecimento. Nos dias atuais, os profissionais deparam com questões importantes de escolha, insatisfação ou mudança de emprego permanentemente. Segundo Soares (2002), é comum que profissionais entre 35 e 40 anos ainda não tenham alcançado o topo de sua carreira conforme almejaram, o que os faz continuar em busca de suas metas. Quando há um ajustamento entre as ambições e as expectativas, e as metas forem se adaptando por influência da realidade, os anos intermediários podem trazer grande satisfação. Segundo Lidz (*apud* Soares, 2002), a meia-idade é tradicionalmente uma época de satisfação, quando os objetivos de vida são alcançados, mas na nova ordem do trabalho — leia-se, sob a égide do capitalismo flexível — é muito frequente a necessidade de transição de carreira nesse período.

Para a autora, a reorientação deve ser considerada em diversos momentos da vida profissional e não somente como um processo de retomada da orientação, um "fazer de novo" ou "tornar a orientar". Trata-se de uma facilitação para a adequação profissional diante das mudanças que ocorrem nessa trajetória, sejam elas devidas à perda do emprego ou do desejo de mudar; importam a relação homem-trabalho e as escolhas que se sucedem ao longo da carreira.

O processo de transição de carreira se dá na relação do profissional com o mercado de trabalho, entendendo que não se trata tão somente da busca de novas posições na mesma organização, mas de um posicionamento do profissional perante suas escolhas, suas inquietações e as mudanças no ambiente que o afetam ou afetarão — como a perda real ou potencial do emprego.

Para Schein (1996), as carreiras são divididas em fases, a partir da infância e da pré-adolescência: da fase 1, quando a profissão é ainda um pensamento e a carreira reflete apenas o desejo de sucesso, até a aposentadoria — fase 10 —, quando o indivíduo, estando ou não preparado, terá de deixar a organização ou encerrar as atividades na profissão que exerce. Duas fases são importantes para esse estudo: a crise no meio da carreira, reavaliação — fase 6 — e o avanço, recomeço ou estabilização — fase 7.

No livro intitulado *Career anchors: discovering your real values*, que na versão brasileira ganhou o título de *Identidade profissional*, Schein (1996, p. 19) define carreira como "a maneira como a vida profissional de uma pessoa desenvolve-se ao longo do tempo e como é vista por ela", o que considerou carreira interna. Apresenta ainda o conceito de carreira externa, composto pelas etapas concretas que se deve cumprir para obter progresso em determinada organização ou profissão, o que pode ser entendido como os degraus a ser alcançados na trajetória profissional.

De acordo com a percepção do indivíduo e da sociedade, e refletindo os conceitos de carreira interna e externa, Schein (1996) apresenta os seguintes estágios da carreira: 1) crescimento, fantasia e exploração; 2) educação e treinamento; 3) ingresso no mundo do trabalho; 4) treinamento básico e socialização; 5) admissão como membro; 6) estabilização no emprego e permanência como membro; 7) crise do meio da carreira, reavaliação; 8) avanço, recomeço ou estabilização;

9) desligamento; 10) aposentadoria. O tempo referente a cada uma das fases dependerá da profissão e da carreira escolhidas. A figura a seguir ilustra essas fases.

FIGURA 1. FASES DE CARREIRA SEGUNDO EDGARD SCHEIN (1996)

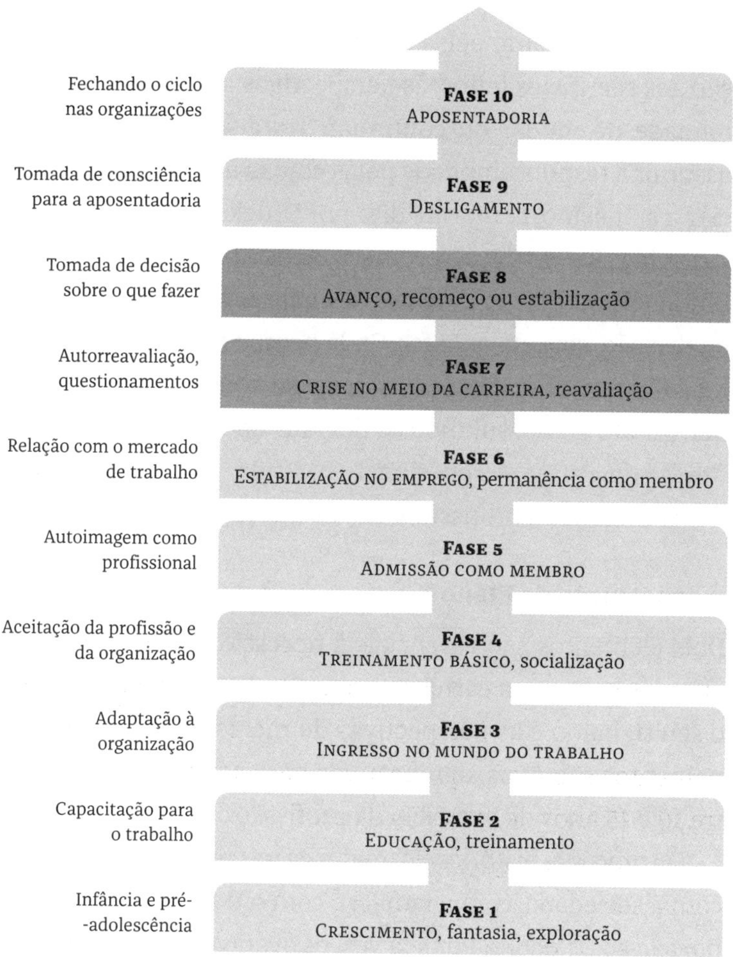

Segundo Schein (1996), não se pode definir com exatidão a fase 7 como uma crise no meio da carreira, pois é crescente a quantidade de pessoas que passam por questionamentos até mesmo em estágio mais adiantado. A origem desses questionamentos passa por posições iniciais da escolha da carreira, pelas conquistas e realizações em relação aos sacrifícios feitos, às perspectivas de futuro e à possibilidade de mudar ou continuar. Trata-se de questionar e assumir a responsabilidade pelas etapas futuras e por gerenciar a si mesmo, conforme dito por Drucker (1999).

A fase 8 — avanço, recomeço ou estabilização — é a consequência natural do processo de análise da fase 7. É a tomada de decisão, seja ela qual for. Cada pessoa fará aqui sua escolha, ou reescolha, que poderá ser pela continuidade de tudo que fez até então, subindo os degraus da carreira, pela redefinição da atuação profissional ou, ainda, pelo equilíbrio entre as exigências profissionais e os interesses pessoais.

A construção do Plano B

Dois elementos são essenciais à necessidade de pensar em alternativas para a carreira: a relação atual das pessoas com o seu trabalho e as perspectivas do mercado. Esses questionamentos são mais significativos para aqueles que têm entre 10 e 15 anos de exercício da profissão.

O processo histórico de mudança nas relações das pessoas com a sociedade, com a família e com o trabalho aponta para novas necessidades. Por sua vez, os avanços tecnológicos exigem dos profissionais um esforço de aprendizado e atualização e, das empresas, a busca contínua de competitividade e adoção de estratégias de sobrevivência que em muito impactam o nível de emprego e o perfil do profissional requerido. A adoção de práticas de reengenharia, fusões, aquisições, *downsizing*, fechamento de empresas, demissões e os reflexos da globalização levaram e ainda levam os indivíduos a ter de assumir em maior dimensão o rumo que darão à carreira.

As mudanças na economia global se refletem de forma significativa nas empresas, provocando mudanças também no emprego. As relações de trabalho já não são mais duradouras como antes, pois as grandes empresas redesenharam estruturas de negócio, eliminaram operações internas e redefiniram cargos. O vínculo empregatício está cedendo espaço para novos modelos de relacionamento profissional. As formas de trabalho adquirem novas feições e o emprego passa por redefinições profundas.

Muitos profissionais têm necessitado repensar sua relação com o trabalho, voltando-se para a identificação de novas alternativas — contratos temporários, *home office*, negócio próprio, prestação de serviços, consultoria etc. É preciso repensar conceitos históricos de segurança, lealdade e carreira. Drucker (1999) afirma a necessidade de o profissional assumir o controle de sua carreira. Para Schein (1996), haverá um momento da vida profissional em que surgirão questionamentos e incertezas que levarão o profissional a reavaliar sua carreira e tomar uma decisão. É nesse momento que surge a necessidade de construir o que esse autor denominou "Plano B".

A orientação profissional no mundo corporativo se constitui em processos e serviços que visam orientar pessoas diante da necessidade da busca de um emprego. Os mais comuns são os processos de *outplacement* e de recolocação, que têm por objetivo a prestação de serviço especializado de consultoria para a procura de um novo emprego. O *outplacement* é contratado pelas empresas para ajudar o executivo demitido a se reposicionar no mercado de trabalho; já a recolocação é um serviço contratado pelo profissional visando especificamente à busca de um novo emprego.

A transição de carreira surge, então, como uma alternativa de reposicionamento de carreira e não de emprego. Deve ser motivada pelo profissional, com foco em estruturação e planejamento da mudança de emprego ou carreira. Está perfeitamente integrada com o momento da crise ou com o repensar da carreira, que irá ajudar na tomada de decisão, ou mesmo como uma ação de mudança estruturada após a tomada de decisão.

A vivência da consultoria em recursos humanos atendendo profissionais em processos de *outplacement* levou à identificação da necessidade de construir programas específicos para o próprio profissional. Surgiram então dois programas: *checape de carreira* e *transição de carreira*, com abordagens específicas e ajustadas a cada profissional.

Programa checape de carreira

O programa checape de carreira tem por objetivo avaliar o atual momento de carreira, considerando as condições de competitividade, bem como construir um diagnóstico das características pessoais e profissionais com a identificação de pontos a desenvolver. É um processo de discussão e aconselhamento com foco na orientação profissional, recomendado para dar suporte à tomada de decisão no realinhamento de carreira. Tem a duração aproximada de um mês, com um encontro semanal, totalizando, portanto, quatro encontros.

FIGURA 2. ESTRUTURA DO PROGRAMA CHECAPE DE CARREIRA

Recomendações

- Profissionais que necessitam analisar o momento atual da carreira.

Etapas

- Análise de perfil e devolutiva estruturada.
- Expansão do autoconhecimento.
- Diagnóstico de competitividade.
- Orientação para os próximos passos.

Características

- Privilegia autoconhecimento e empregabilidade.
- Uso intensivo de ferramentas de avaliação.
- Permite visão crítica do atual estágio da carreira.
- Possibilita melhor fundamentação para a tomada de decisões específicas.

Resultado

- Relatório detalhado de perfil pessoal e profissional.
- Identificação de pontos fortes e a desenvolver.
- Foco no curtíssimo prazo.

TABELA 1. DESENVOLVIMENTO DO PROGRAMA CHECAPE DE CARREIRA

	Atividades dos encontros
Encontro 1 (escuta ativa)	• Entendimento da trajetória de carreira • Identificação de expectativas • Apresentação da avaliação de perfil (Disc) e de 360° (opcional)
Encontro 2 (*feedback*)	• Devolutiva estruturada da avaliação de perfil • Identificação de pontos fortes e necessidades de desenvolvimento
Encontro 3 (diagnóstico de competitividade)	• Análise do resultado da avaliação 360° • Análise de mercado e comparação com o perfil profissional • Discussão de possibilidades e alternativas de atuação

Encontro 4 (plano de ação)	• Elaboração de plano de ação, considerando:
	  • Necessidades de desenvolvimento
	  • Cenário de mercado

Programa transição de carreira

O programa transição de carreira destina-se a orientar o reposicionamento profissional e a busca de melhores oportunidades de trabalho, de maneira estruturada, antes de o profissional deixar a posição atual. O principal motivador desse processo é a mudança. Tem a duração aproximada de seis meses, com um encontro semanal, até iniciar a fase de prospecção, quando os encontros passam a ser definidos pelo andamento do processo.

FIGURA 3. ESTRUTURA DO PROGRAMA TRANSIÇÃO DE CARREIRA

Recomendação

- Profissionais interessados em melhores oportunidades, mas que ainda não tenham deixado a posição atual.

Etapas

- Análise de carreira.
- Análise de perfil pessoal e competências.
- Objetivos de carreira e chances de sucesso.
- Definição do mercado-alvo.
- Elaboração de CV.
- Estratégias de *networking*.
- Preparação para entrevistas e apoio nos contatos com o mercado.

Características

- Melhores resultados quando aplicados a profissionais em posições de liderança.

Resultado

- Foco em nova oportunidade de trabalho em curto e médio prazo.
- Maior visibilidade de mercado.

TABELA 2. DESENVOLVIMENTO DO PROGRAMA TRANSIÇÃO DE CARREIRA

	Atividades dos encontros
Encontro 1 (trajetória e expectativas)	• Entendimento da trajetória de carreira • Identificação de expectativas • Apresentação da avaliação de perfil (Disc) e de 360° (opcional)
Encontro 2 (análise de competitividade)	• Devolutiva estruturada da avaliação de perfil e 360° • Discussão do objetivo e das condições de competitividade • Início da elaboração do currículo
Encontro 3 (estratégias de prospecção)	• Consolidação da elaboração do currículo • Definição do mercado-alvo • Definição das estratégias de prospecção
Demais encontros (prospecção e suporte no contato com o mercado)	• Exposição orientada e planejada ao mercado • Suporte no relacionamento com empresas de seleção e *headhunter* • Acompanhamento e orientação em processos seletivos

Considerações finais

É crescente a demanda de profissionais interessados em discutir sua carreira. A proposta do Plano B tem sido compreendida por eles como uma possibilidade importante de traçar caminhos como agentes de mudança, permitindo-lhes refletir sobre as ações referentes às suas escolhas e expectativas.

Orientar profissionais com certo grau de maturidade, que já acumularam experiência, tem gerado bons resultados com relação ao novo posicionamento destes em relação à autogestão de carreira. Trabalhar os questionamentos a respeito da posição atual do mercado de trabalho, com relação à insatisfação com o emprego atual ou à busca de identificação com um novo trabalho, sem que isso seja apenas uma busca passiva de novo emprego, é a principal abordagem desse programa.

É certo que em muitos casos o profissional que contrata o serviço de orientação profissional para a transição de carreira tem a expectativa de se reposicionar no mercado ou na carreira com o apoio do orientador. Na medida em que esse profissional se conscientiza de sua capacidade de articulação e de seu conhecimento do mercado, ele consegue estabelecer estratégias de prospecção que funcionam e aumentam suas chances de êxito no alcance de seus objetivos.

A prática da orientação para a construção do Plano B aponta percepções variadas dos profissionais na constituição de novos caminhos e alternativas de trabalho, considerando a melhor integração da vida com este, o despertar para um novo trajeto profissional, a confiança de planejar a mudança de forma estruturada ou mesmo a reconquista da satisfação com a atuação profissional. Em variados casos há relatos de que o olhar para a própria carreira mudou, bem como a forma de se relacionar no ambiente profissional e pessoal: o indivíduo passa a agir com protagonismo nas escolhas de vida e trabalho.

A construção de uma rede de relacionamento sólida e de um processo de aprendizado para planejar futuras mudanças são partes do Plano B. Espera-se que, além de alcançar o objetivo de transição pretendido, o orientando seja capaz de adotar um novo posicionamento quanto à gestão da própria carreira, mantendo uma postura crítica com relação aos seus objetivos e às suas práticas, de forma que não se desvie destes nem inicie um novo processo de insatisfação sem que tenha sempre um planejamento, minimamente em início de construção.

Referências

DEJOURS, C. *A loucura do trabalho: estudo de psicopatologia do trabalho.* São Paulo: Cortez, 1992.

______. *O fator humano no trabalho.* Rio de Janeiro: Ed. da FGV, 2003.

DRUCKER, P. F. *Desafios gerenciais para o século XXI.* São Paulo: Pioneira, 1999.

FARIA, J. H.; MENEGHETTI, F. K. "O sequestro da subjetividade e as novas formas de controle psicológico no trabalho: uma abordagem crítica ao modelo toyotista de produção". Anais do 25º Enanpad, Campinas, 2001. CD-ROM.

LIPIETZ, A. *Audácia: uma alternativa para o século XXI.* São Paulo: Nobel, 1991.

MORGAN, G. *Imagens da organização.* São Paulo: Atlas, 1996.

RAGO, L. M.; MOREIRA, E. F. P. *O que é taylorismo.* São Paulo: Brasiliense, 1984.

SCHEIN, E. H. *Identidade profissional: como ajustar suas inclinações a suas opções de trabalho.* São Paulo: Nobel, 1996.

SOARES, D. H. P. "As diferentes abordagens em orientação profissional". In: LISBOA, M. D.; SOARES, D. H. P. (orgs.). *Orientação profissional em ação: formação e prática de orientadores.* São Paulo: Summus, 2000.

______. *A escolha profissional: do jovem ao adulto.* São Paulo: Summus, 2002.

TEIXEIRA, H. J.; SALOMÃO, S. M.; TEIXEIRA, C. J. *Fundamentos de administração: a busca do essencial.* Rio de Janeiro: Elsevier, 2010.

PARTE 5

NOVAS PROPOSTAS EM ORIENTAÇÃO PROFISSIONAL

APOSENTADORIA: CONTEXTO, ASPECTOS PSICOSSOCIOLÓGICOS E POSSIBILIDADES DE ATUAÇÃO EM ORIENTAÇÃO DE CARREIRA

ALINE BOGONI COSTA
DULCE HELENA PENNA SOARES

09

"A gente fica esperando que a alegria haverá de chegar depois da formatura, do casamento, do nascimento, da viagem, da promoção, da loteria, da eleição, da casa nova, da separação, da aposentadoria. E ela não chega, porque a alegria não mora no futuro, mas só no agora."
Rubem Alves (1992, p. 147)

NOS ÚLTIMOS 50 anos, a aposentadoria, tema central deste texto, tornou-se uma perspectiva socialmente compartilhada, embora desigualmente usufruída. Trata-se de um assunto sensível, que envolve complexos aspectos econômico-sociais e psicológicos. Neste capítulo, ambos serão contemplados, sendo que ao último dedicaremos especial atenção. Esperamos gerar aqui reflexões sobre o contexto da aposentadoria e sua vivência em termos psicológicos, bem como o conhecimento de possibilidades de atuação que podem ser desenvolvidas por orientadores de carreira.

A aposentadoria em um contexto

Entre as questões que mais têm chamado a atenção acerca do contexto da aposentadoria estão o envelhecimento populacional, o aumento da expectativa de vida mundial e da longevidade e, ao mesmo tempo, os desafios para viver dignamente essa fase da vida, sobretudo no que tange às questões socioeconômicas. Esses aspectos são cercados de dúvidas e polêmicas, tais como: 1) a aposentadoria e o envelhecimento são noções que se aproximam? 2) o aumento da expectativa de vida e da longevidade significa que mais pessoas estarão aposentadas? 3) o planejamento público e privado da aposentadoria está sendo pensado?

Não poderemos aprofundar neste capítulo todas as categorias presentes nessas questões. Desse modo, elencaremos os aspectos entendidos por nós como mais relevantes para cada uma delas e procuraremos refletir sobre eles entendendo que, para uma mesma situação, são possíveis diversos caminhos.

A aposentadoria e o envelhecimento se aproximam? Sim e não!

Quem nunca ouviu frases como "Você parece tão jovem, mas já está aposentado" ou "Agora que se aposentou, parece mais velho ainda, porque não faz nada"? Negar que existe uma aproximação entre a aposentadoria e o envelhecimento seria o mesmo que construir um mito de negação do ciclo biológico do envelhecer humano. No entanto, afirmar que uma pessoa se aposenta e, de um dia para o outro, envelhece ou entra em estado de inatividade constituiria um equívoco maior ainda, pois o envelhecer é processual e gradual, acompanha cada ser humano desde seu nascimento.

Podemos responder *sim* à nossa questão quando a aposentadoria é percebida como um marco do envelhecimento, vinculando-se à falta de potencialidade, à inatividade e ao recolhimento. A associação entre aposentadoria e envelhecimento relaciona-se à própria construção etimológica do termo, cuja forma arcaica é "apousentar", no sentido de alguém que pousa ou repousa. Nesse caso, temos a raiz na palavra "pouso", com o sentido de "pausa" (Nascentes, 2010). No "pouso", algumas pessoas tomam a aposentadoria como momento de isolamento, aposentando-se de viver e não somente da profissão ou atividade. Esse tipo de aposentadoria comumente vem acompanhado do adoecimento, da passividade e do sentir-se velho, situações que temos identificado com frequência em participantes de programas de orientação para a aposentadoria (Soares e Bogoni Costa, 2011, 2015).

A aproximação dos conceitos de aposentadoria e envelhecimento constrói-se também com base em questões biológicas (Witczak, 2005) e na experiência de ser aposentado em uma sociedade onde a produção e o consumo são centrais, e o valor da pessoa se mede, muitas vezes, pelo que ela consegue gerar de riqueza (Roesler, 2014; Bogoni Costa e Soares, 2015). Nesse último aspecto, a experiência da aposentadoria traz consigo o sentimento de inutilidade, de perda, de estar sem sentido para a vida, de envelhecer para então morrer.

Diante desses aspectos, a aposentadoria é, com frequência, compreendida de forma contrária à significação de júbilo, sendo suas representações associadas a valores negativos e depreciativos, como incapacidade e envelhecimento inativo. O carimbo da palavra "inativo" na carteira de trabalho e/ou sua presença nos documentos recebidos da Previdência Social costumam ser impactantes para aqueles que vivem esse momento: "Como pode de um dia para outro eu ser inativo, deixar de ter serventia?", "Antes eu tinha um cargo, uma profissão. Agora recebo o meu contracheque e nele está escrito 'inativo'". Será isso mesmo?

Por outro lado, também podemos responder *não* à nossa pergunta, se pensarmos naqueles que se aposentam cedo, permanecendo sem trabalhar cerca de um terço da vida — por exemplo, alguém de 55 anos, recém-aposentado, que viva até os 90. A evolução das ciências e a revolução tecnológica favoreceram o aumento da expectativa de vida e permitiram aos "cinquentões" e "sessentões" boas condições de saúde e de vitalidade. Nesse caso, vemos muitos jovens aposentados sendo considerados pessoas que envelheceram, da noite para o dia, apensas pelo fato de terem se aposentado.

A expectativa de vida crescente significa dizer que mais pessoas estarão aposentadas?

Reflexões sobre essa indagação permitem-nos vários caminhos. O caminho do *não* move-se junto com as transformações no mundo do trabalho, permeadas pela precarização das relações laborais, pelo aumento do trabalho não formal e dos trabalhos periféricos (Antunes, 2009, 2011; Sato, 2012), em que parece haver um distanciamento entre a vida laboral com renda e a possibilidade de aposentadoria formal. Contribuem para o "não" a ausência de educação previdenciária para a poupança de longo prazo, o rompimento com vínculos e direitos trabalhistas à aposentadoria (não formalidade) e os muitos casos em que a renda do trabalho permite somente a manutenção da vida cotidiana, sem nenhuma possibilidade de planejamento para o futuro. O que acontecerá com essas pessoas se não tiverem mais condições de trabalhar e, ao mesmo tempo, de se sustentar? Certamente será um problema social e o imaginamos cada vez mais presente, tendo em vista o aumento da expectativa de vida.

A pirâmide etária populacional, que por muitos anos seguia composta predominantemente de jovens e adultos, terá, em cerca de 50 anos, predominância de pessoas acima de 50 anos, a quem não mais será possível descrever como idoso, pois a longevidade naturalmente levará a uma revisão de padrões. Estudos demonstram que a população idosa mundial apresenta um crescimento nunca antes visto na história: estima-se haver 476 milhões de pessoas com 65 anos ou mais (Lima-Costa *et al.*, 2011; IBGE, 2016). Conforme o Relatório de perspectivas da população mundial (ONU, 2017), em 2050 os idosos serão 2 bilhões de pessoas, o que representará 20% da população mundial. A tendência é que eles se tornem cada vez mais numerosos em relação aos mais jovens. Em 2000, a população idosa mundial superou pela primeira vez o número de crianças com menos de 5 anos; em 2050, o número de pessoas com mais de 60 anos superará também a população com menos de 15 anos (*ibidem*).

O envelhecimento da população será mais perceptível nos países emergentes. Hoje, 66% dos indivíduos com mais de 60 anos vive em países em desenvolvimento. Em 2050, essa proporção subirá para quase 80%. No Brasil, a previsão é que o número de idosos triplique até 2050, alcançando 64 milhões de pessoas. Por meio dessas previsões, a proporção de pessoas mais velhas no total da população brasileira passará de 11%, em 2017, para cerca de 30%, em 2050. Ainda, o número de centenários — aqueles que atingem um século de vida e tanto instigam profissionais da área da saúde em estudos sobre longevidade — tem crescido em grande escala nos últimos anos (ONU, 2017). Olhando para mais breve, em 2025 o índice de envelhecimento será, provavelmente, três vezes maior do que aquele observado em 2000. A população brasileira contará com mais de 50 adultos com 65 anos ou mais para cada conjunto de 100 jovens menores de 15 anos, sendo que só na última década a população brasileira com idade igual ou superior a 60 anos cresceu 2,5 vezes mais (36%) do que a mais jovem (14%) (Lima-Costa *et al.*, 2011). E quantas dessas pessoas poderão se aposentar com o modelo atual de previdência? Não sabemos precisar, porém acreditamos que a manutenção desse modelo dificultará a aposentadoria de muitos trabalhadores.

Agora, pensaremos no *sim* como possibilidade para a pergunta "a expectativa de vida crescente significa que mais pessoas estarão aposentadas?". Olhando para a realidade brasileira, ao mesmo tempo que a expectativa de vida aumentou, o número de benefícios concedidos pela Previdência Social Brasileira se ampliou. Entre 2000 e 2010, o total de benefícios concedidos cresceu mais de 57% (INSS, 2011). Hoje, 87,45% dos benefícios concedidos pelo Regime Geral de Previdência Social são relativos a aposentadorias por idade e por tempo de contribuição (INSS, 2016). É importante mencionar que a continuidade da proteção social da previdência tem sido questionada há tempos, por diversos setores da sociedade e por especialistas.

Além disso, podem ser entendidos como "sim" a melhoria dos índices de desenvolvimento econômico brasileiros, a maior equidade na distribuição de renda, o crescimento do emprego formal (embora a informalidade de trabalho também cresça e esta não seja mensurável), entre outros aspectos que favorecem a aposentadoria da população (Ipea, 2013). No entanto, mesmo que os dados pareçam favoráveis, há de se ter cuidado com o discurso neoliberal de autorresponsabilização, em que se transferem os problemas e as fragilidades da má administração pública previdenciária para a sociedade e as pessoas são tratadas como protagonistas de crises e insucessos da administração. O Estado é o gestor e o controlador, então dele se espera a realidade, além do "desenvolvimento em índices", o que também vale para as questões da aposentadoria. Nesse cenário, surge a nossa terceira questão.

O planejamento público e privado da aposentadoria está sendo pensado?

Ao mesmo tempo que as perspectivas demográficas e a evolução crescente do número de benefícios previdenciários concedidos impressionam, a comparação do Brasil com França e Suécia em padrões socioeconômicos traz sérias preocupações no que tange ao atendimento das necessidades da população com 60 anos ou mais (Lima-Costa *et al.*, 2011). Os desafios a enfrentar são diversos, entre eles: o valor ínfimo dos benefícios de aposentadoria, a dúvida sobre a sustentabilidade do sistema previdenciário público, a precariedade do atendimento à saúde do cidadão, as condições estruturais de espaços urbanos que propiciem qualidade de vida. Até mesmo os atuais adultos jovens não têm dado a importância necessária aos indicadores de expectativa de vida, no sentido de intensificar as discussões e o planejamento sociogovernamental, objetivando o atendimento das necessidades resultantes dessa mudança populacional (Soares e Bogoni Costa, 2015).

Referente ao planejamento privado para a aposentadoria, que também pode ser parte do discurso neoliberal do Estado, objetivando a transferência e divisão de responsabilidade pelo sustento dos aposentados, há vários aspectos importantes. O aspecto financeiro, por meio de acumulação e formação de poupança, mediante contribuições para a previdência pública e/ou complementar, ainda carece de orientações e mais segurança. A educação financeira para poupança de longo prazo tem sido vista como um desafio em todos os países, motivado pelos apelos do consumo imediato, que se constroem agressivos na sociedade, e pelo fato de que pensar no futuro financeiro não é algo incentivado. Esse panorama começa a mudar com a implantação de programas de educação financeira nas escolas; porém talvez os primeiros retornos só sejam sentidos na geração que acessa esses programas atualmente, ou seja, somente daqui há 50 anos ou mais, quando as pirâmides já estarão invertidas há bastante tempo.

As questões trazidas até aqui acerca do contexto da aposentadoria são amplas e se apresentam em um curso de mudanças. Certamente, o leitor poderá elencar outros elementos para cada questão, o que acreditamos estar em consonância com a própria característica do mutável contemporâneo e com a pergunta de nosso próximo tópico.

A vivência psicológica da aposentadoria é um gozo e/ou luto?

Como é viver a aposentadoria? As reflexões possíveis para essa indagação são inúmeras. Para alguns, as associações vinculam-se à possibilidade de usufruir das construções de uma vida de trabalho, ou de experimentar um tempo com liberdade e independência — ou, ainda, de fazer o que sempre se desejou e foi adiado pelos compromissos. Aposentadoria como gozo! Outros, talvez, entendam-na como um momento de perdas do lugar social, das referências e das amizades, ou como a volta para um espaço desconhecido do lar, encontrando entes mais desconhecidos ainda: um marido, uma esposa, filhos, pais mais velhos ou a si mesmo, ensimesmado e só... Aposentadoria como luto! Mas há aqueles que a vivem como um misto do gozo e do luto, com prazer, contradições e angústias, experimentados conflituosamente também em diversos outros momentos importantes da vida. Ou seja, poderíamos, na multiplicidade de reflexões, concluir que a vivência da aposentadoria, embora contemple elementos previsíveis e recorrentes, é singular de mudanças.

A aposentadoria com significado de gozo está relacionada com a ideia do dever cumprido, em que a pessoa deixa o trabalho sentindo-se recompensada e realizada com a trajetória que construiu e, desse modo, permite-se viver um novo momento, com planos diferentes e sem culpa por não estar mais produzindo. Para gozar é preciso permitir-se, então de nada adianta entrar em "gozo da aposentadoria", expressão do Direito, e não gozá-la de verdade.

Um dos principiais gozos na aposentadoria é usufruir do tempo livre, um tempo que pode ter sido desejado e esperado por anos. O tempo de "nada fazer" é aquele em que a pessoa pode escolher o que fazer, vivenciando-o sem pressão nem compromisso com produzir algo. É o tempo em que a pessoa pode comandar a própria agenda, sem obrigatoriedades nem cobranças. É um tempo para ser vivido de verdade, em que o compromisso é consigo mesmo ou com alguém. O sentido de viver esse tempo de aposentadoria está no prazer e na realização pessoal.

No entanto, esse tempo livre pode ser, ao mesmo tempo, desejado e temido. Desejado, pois traz de volta a liberdade de poder realizar o que escolher, sem precisar dar satisfação a ninguém, sem ter obrigações, horários etc. Entretanto, pode ser gerador de medo do vazio, do não fazer nada, da inatividade e do enfrentamento das dificuldades referentes aos sonhos não realizados, às frustrações e à vontade e/ou impossibilidade de realizá-los no novo momento de vida.

O tempo livre em nossa sociedade tem forte relação com a lógica do mundo do trabalho capitalista (Padilha, 2000), pois ele existe como um tempo de descanso e repouso para o trabalhador voltar recuperado para a continuidade de sua jornada, nem sempre com um sentido psicológico. Ao chegar a aposentadoria, entretanto, não existe mais a necessidade de retorno ao trabalho e precisamos encontrar um sentido para esse ganho de tempo livre, para que possa ser usufruído com satisfação. Na visão de Sarriera *et al.* (2007), o tempo livre é compreendido como um espaço temporal no qual o indivíduo pode dar vazão às suas expectativas, realizar determinadas atividades e não outras, além de ser também uma oportunidade de desenvolvimento pessoal e social. Esse tempo, apesar de ser livre, muitas vezes não é fácil de ser vivenciado. Em outro estudo, Roesler (2014) analisou o contexto de funcionários de empresas públicas que, mesmo com direito a aposentar-se, não se sentiam preparados e afirmavam não suportar o novo espaço do "fazer nada".

Reconhecemos, assim, que o tempo livre pode ser desfrutado de diferentes maneiras de acordo com o lugar social onde essa pessoa viveu e os aspectos do contexto — políticos, culturais, econômicos e ideológicos. Nesse sentido, as pessoas que se permitem viver o gozo da aposentadoria reconstroem ou redefinem suas identidades de modo mais rápido e significativo. Não se privam das funções psicossociais da aposentadoria, elaboram novos *status* e papéis, valorizam as relações sociais do passado e estão atentas às do presente, e encontram um senso de propósito na vida. Costumamos dizer que a "lua de mel" com a aposentadoria para essas pessoas é duradoura.

Porém, para aquelas que vivem o trabalho como a única atividade útil e com sentido durante muitos anos, a expectativa de afastamento devido à aposentadoria dificilmente será experimentada como gozo. A vida sem trabalho pode representar a finitude, a impossibilidade de interagir, participar, construir e viver em sociedade (Santos, 1990; Witczak, 2005, 2011; França e Vaughan, 2008), um processo de luto.

Sobre *a aposentadoria significar luto*, o aposentado enfrenta significativas perdas biológicas, psicológicas e sociais. O corpo mudou e continua mudando. Talvez ele se sinta menos ágil, disposto e resistente. Pode haver uma lacuna entre sua memória como alguém jovem, trabalhador, com muitos planos, e a imagem do espelho, de alguém com papéis pouco definidos ou alterados sem sua permissão. Ocorrem perdas de uma parte significativa de sua vida anterior, das identificações e do reconhecimento social, pois ter um trabalho, uma agenda ocupada e pertencer a um grupo, em nossa sociedade, é como ter uma carteira de identidade.

Nesse momento também são comuns as menções de que a aposentadoria chegou no auge do conhecimento profissional. Certamente, pode ser uma defesa egoica para postergar o processo de transição, como preservação do próprio existir para aqueles que somente se reconheceram na vida por meio do trabalho.

É, assim, um período que pode ser vivido com ansiedade. "De quanto tempo precisarei para me adaptar?", "E se não me adaptar?". Essas ansiedades costumam mobilizar energias psíquicas, sendo comuns as manifestações concretas de lamentações e de dúvidas — "E se eu tivesse esperado mais para me aposentar?", "E agora, como recomeçarei?" —, que podem se transformar em quadros depressivos e psicossomáticos.

Por outro lado, a ansiedade, se compreendida em um processo psicoterapêutico que fortalece a aceitação e a interpretação do vazio sentido, possibilitará a reavaliação de limites e dos medos, bem como a descoberta de novos desejos, potenciais à construção de novas identificações. Para converter interesses passados destinados ao trabalho e à carreira em novos interesses, é preciso converter a energia psíquica em outros âmbitos. Desse modo, as perdas, que geram o luto, necessitam ser articuladas com o trabalho psíquico sobre os ganhos desse novo momento. O desafio é que a pessoa evidencie que há perdas e sofrimentos, mas também os ganhos obtidos do amadurecimento, da liberdade, do gozo da vida. Talvez a maior dificuldade esteja em aceitar que isso é possível, pois durante muito tempo de nossa vida somos "programados" para o prazer oriundo do trabalho e da produção.

Neste ponto, talvez o leitor respire aliviado: parece simples! Mas nossa experiência com orientação para a aposentadoria tem nos mostrado que leva tempo. As ansiedades podem voltar de outras formas, visto que a desorganização identitária por vezes impacta o rompimento com o senso de continuidade: "Agora, além de estar mais velho, não tenho mais um papel?", "Se não me reconheço em nada, como vou continuar?" Assim, para se libertar do luto, além de identificar os ganhos da aposentadoria o indivíduo necessita redefinir o relacionamento consigo mesmo e perceber outras potências para a vida.

Aposentadoria: não é tão simples assim! Como atravessá-la? Esse é o título em português do livro de Muffang (2009), no qual se refere à aposentadoria como um fenômeno social e um fato subjetivo necessário de ser reconhecido e compreendido pelos indivíduos. A autora o entende como um processo, que transita entre estas duas esferas: na pessoal, a partir de um novo olhar sobre si mesmo, novos projetos, novos relacionamentos e, talvez, novas atividades; na social, pelos critérios e etapas a ser cumpridos para se aposentar, bem como pela compreensão social do que é ser aposentado.

E por que alguns esperam tanto para se aposentar e vivem o momento com sofrimento? Justamente porque ele é carregado de esperanças e expectativas que foram idealizadas por anos (Muffang, 2009; Bogoni Costa e Soares, 2015). Nesse sentido, compreendemos o fenômeno da aposentadoria como um processo contextual, dinâmico, permeado de contradições e ambiguidades (Muffang, 2009; Lima, 2010; Soares e Bogoni Costa, 2011, 2015; Roesler, 2014); ora como gozo, ora como luto.

Em suma, aposentar-se é um acontecimento do âmbito profissional que redefine a dinâmica psíquica, familiar, conjugal e social e, também, pode revelar novas imagens percebidas pelos outros. Aquilo que estava certo, feliz e prazeroso, ou estava errado, triste e doloroso, talvez precise se desestruturar para que uma nova maturidade seja percorrida, em uma jornada singular, um processo de busca de ser alguém, com gozos e lutos, lutos e gozos, somente gozos ou somente lutos.

Considerando-se a aposentadoria uma vivência complexa, decorrente do contexto e de aspectos psicossociológicos, os desafios aos orientadores são amplos. Orientar para uma aposentadoria saudável requer um trabalho atrelado à história de vida de cada pessoa, desde o entendimento sobre os momentos marcantes da escolha profissional e as expectativas psicológicas em relação ao trabalho até a compreensão da percepção da família e dos amigos sobre estar aposentado. É falar sobre o ter e o deixar; sobre o ficar e o partir; requer o entendimento do passado — quem fui no trabalho e que sentidos ele proporcionou à minha vida; e do presente — como reflito sobre a ideia de transição de carreira e que sentimentos emergem —, projetando-se para o futuro — quem poderei ser agora e como construirei novos sentidos sem a referência identitária do trabalho.

No próximo tópico, elaboramos um resumo com as possibilidades de atuação em orientação para a aposentadoria (revisado e ampliado de Soares e Bogoni Costa, 2015), objetivando aproximar os leitores dessa prática e de suas potencialidades para a construção da saúde mental e da qualidade de vida das pessoas aposentadas.

As múltiplas possibilidades de programas de orientação para a aposentadoria

O orientador profissional e de carreira, em sua atuação no contexto da aposentadoria, pode dispor de muitas formas de ação. Não existe um consenso sobre o campo de vinculação desses profissionais. Para alguns autores, as atividades de orientação estariam relacionadas à psicologia do trabalho (Zanelli, Bastos e Rodrigues, 2014); para outros, a atuação amplifica-se, na interface da orientação profissional, da psicologia organizacional e do trabalho e da administração (Ribeiro e Zerbini, 2012). Além disso, as atividades de orientação aparecem vinculadas a programas de saúde do trabalhador (Antunes e Moré, 2016). É um campo em frequente mudança, devido às questões demográficas, previdenciárias e de carreira, em que as demandas surgem em diversos âmbitos: organizacional, clínico, social etc. Em cada caso os profissionais envolvidos constroem estratégias para atendê-las, baseadas nas experiências profissionais anteriores do orientando e em sua área de formação.

A seguir apresentamos os três âmbitos de atuação — organizacional, clínico e políticas públicas e sociais —, sistematizando algumas das possibilidades de atuação e os desafios a eles inerentes, já apresentados em Bogoni Costa e Soares (2015). As informações fundamentam-se em nossa experiência nesse campo, denominado orientação psicológica para a aposentadoria (OPA), que se constrói há mais de dez anos. Cabe ressaltar, porém, que as propostas de trabalho, independentemente do âmbito, devem ser articuladas de modo interdisciplinar e relacional, apoiando-se em outras especialidades e ciências.

OPA no âmbito das organizações públicas e privadas

Orientação nos vários estágios da carreira até a aposentadoria

Atuação cujo objetivo é incentivar que as atividades de orientação de carreira em empresas se estendam, contemplando a temática da aposentadoria. Desse modo, o planejamento de carreira não será dedicado apenas ao trabalho, à profissão e ao desenvolvimento de estratégias para melhorar o desempenho em determinados cargos.

Como método de trabalho, propomos entender a aposentadoria como um momento importante da vida, que necessita de preparação e deve ser integrado às atividades de orientação de carreira, por meio da realização de atividades grupais e/ou individuais. Assim, os temas vinculados à aposentadoria podem ser trabalhados em intervenções breves (França *et al.*, 2013) no processo de orientação de carreira, por meio de palestras, de atividades que facilitem reflexões sobre os projetos de futuro (Soares e Bogoni Costa, 2008; Bogoni Costa, 2009) e da sensibilização para os sentidos e significados da aposentadoria. Também consideramos importante trazer aposentados para palestrar, de modo que relatem experiências, desafios e oportunidades de projetos de vida com a aposentadoria. Outras atividades podem ser propostas como facilitadoras nesse processo (Soares e Bogoni Costa, 2011).

Entre os desafios percebidos, identificamos que escassas organizações oferecem atividades de orientação de carreira com um olhar para o trabalhador, seus gostos, sua profissão, seus projetos. Além disso, há maior preocupação com os elementos do cargo, com o desenvolvimento de competências para ocupar posições internas, sem incluir a questão da aposentadoria. O desafio do orientador, diante dessa realidade, é retornar a uma visão de "carreira" mais duradoura, que contemple também esse momento.

Planejamento e realização de grupos de OPA com longa duração

Ocorre por meio do levantamento das demandas de gestão de pessoas, considerando-se o público-alvo, o tempo estimado para a aposentadoria, as características de atuação profissional (cargos e relações internas) e os interesses individuais (previamente mapeados em entrevistas e/ou questionários de inscrição). Para isso, é necessário prever os investimentos e retornos de projetos em longo prazo e evidenciar sua importância às pessoas e empresas, a fim de aprovar os investimentos organizacionais.

Como método de trabalho, são importantes a sensibilização e interação entre os participantes do grupo e da própria organização, de modo que fortaleçam os vínculos e facilitem a continuidade e a efetividade do trabalho. Tendo em vista esse propósito, sugerimos a realização de encontros grupais, realizados com frequência mensal, com duração mínima de quatro horas por encontro, estendendo-se por dois a três anos, para pessoas próximas da aposentadoria. Também, a organização de atividades de autoconhecimento e de projeção para o futuro, contemplando o relacionamento familiar e outros temas específicos, tais como finanças, saúde e envelhecimento (Soares e Bogoni Costa, 2011). A extensão de alguns encontros aos familiares dos participantes costuma facilitar o envolvimento com e a sensibilização para as questões da aposentadoria.

Entre os desafios percebidos, observamos, nas organizações, um interesse maior no desenvolvimento da carreira para o trabalho e não para a aposentadoria. Afinal, por que investir tempo e recursos financeiros em pessoas que se afastarão em breve da empresa? Argumentar sobre a questão da responsabilidade social desta e demonstrar os retornos tangíveis e a importância da destinação de investimentos a esses projetos são desafios inerentes à construção dessa atuação em OPA. Temos como exemplo as entidades de previdência complementar fechadas, cujo negócio é o planejamento financeiro e previdenciário, as quais estão sensibilizadas para a importância da OPA e têm recursos disponíveis, mas nem sempre encontram projetos atrativos para financiar.

Orientação e planejamento financeiro para a aposentadoria

As atividades de orientação e planejamento financeiro para a aposentadoria são fundamentais, pois, muitas vezes, a questão financeira impede que a pessoa decida aposentar-se. Trata-se de um importante trabalho de sensibilização para a poupança previdenciária a educação sobre os ganhos e as perdas financeiras da aposentadoria, a compreensão de como lidamos com as finanças em termos subjetivos. Esse tipo de atuação tem sido valorizado pelas organizações, com vistas a atender às demandas de educação financeira dos próprios trabalhadores.

Como método de trabalho, sugerimos os modelos que mesclam aspectos objetivos e subjetivos das finanças, pois trazem os melhores resultados. Por exemplo, um programa de quatro encontros, com duração de duas horas cada: 1) palestra sobre educação financeira e previdenciária; 2) palestra sobre aspectos técnicos da previdência social e complementar; 3) encontro grupal para mapeamento dos ganhos e perdas financeiras com a aposentadoria; 4) encontro grupal sobre a melhor forma de usufruir de recursos na aposentadoria (Soares e Bogoni Costa, 2011). É importante estabelecer parcerias com especialistas na área de educação financeira e previdenciária para contemplar aspectos técnicos. O Instituto Nacional de Seguridade Social (INSS) oferece, de modo programado, palestras gratuitas a grupos nas organizações, o que pode ser uma boa opção.

Entre os desafios percebidos, tem sido comum que profissionais de outras áreas de atuação que não a psicologia assumam esse tipo de orientação. Entretanto, os aspectos subjetivos, na maioria das vezes, não são trabalhados, o que é uma perda para a pessoa que se aposenta. Nesse sentido, é importante incluir a presença do psicólogo para trabalhar tais aspectos juntamente com a questão financeira. O Programa de Orientação Financeira (Profin), do Instituto do Ser, foi criado com esse objetivo (veja o Capítulo 10).

Seminário intensivo ou *workshop*

As organizações têm demandado a realização de eventos de curta duração, a exemplo dos encontros de OPA com duração de dois dias seguidos, onde se espera reunir informações sobre o tema intensivamente.

Essa prática não traz resultados tão efetivos quanto a orientação em longo prazo, mas é preciso valorizar e atender a tais iniciativas, deixando claras suas limitações e sensibilizando as empresas para a continuidade do trabalho.

Como método de trabalho, sugerimos a realização de encontros grupais de 16 horas, em dois dias seguidos, com até 50 participantes, que estejam a cerca de um a dois anos da aposentadoria. Focar o trabalho em diálogos sobre o processo da aposentadoria, por meio de técnicas grupais, palestras e vivências, tem sido uma estratégia assertiva (Soares e Bogoni Costa, 2011) e que traz bons resultados, pois as pessoas têm uma primeira ideia do que fazer com o tempo livre e passam a pensar no planejamento, sentindo-se um pouco mais tranquilas para escolher a aposentadoria ao final do programa.

Entre os desafios percebidos nesse modelo estão as grandes expectativas apresentadas pelos participantes. Muitos deles imaginam que, nessa única intervenção, resolverão todas as suas dúvidas relativas à sua aposentadoria, o que é improvável, pois não houve nenhuma intervenção de OPA anteriormente. Cabe deixar clara essa limitação para o grupo e orientar seus membros a buscar apoio às necessidades pontuais não contempladas — por meio de atendimentos clínicos individuais, por exemplo.

OPA no âmbito do trabalho clínico

Orientação para a aposentadoria individual

Esta se dá por meio de busca individual a clínicas e consultórios psicológicos. A demanda é composta de pessoas com dificuldades com a aposentadoria, muitas vezes decorrentes de processos malsucedidos em escolhas anteriores. Nessa busca, o profissional da psicologia orienta os indivíduos a compreender e superar conflitos e/ou a elaborar projetos de vida.

Como método de trabalho, o atendimento clínico contempla entrevistas e atividades diversas de orientação, que podem ser semelhantes às grupais (Soares e Bogoni Costa, 2011). Também podem ser planejados atendimentos com a participação de familiares, desde que identificada a demanda. Esse tipo de orientação tende a ser concluído em cerca de 10 a 15 encontros, com duração de uma hora cada.

Entre os desafios percebidos, constatamos que ainda é uma atuação pouco conhecida do público em geral. No entanto, tende a se ampliar com as novas características demográficas, em que a aposentadoria pode ser o momento de escolha de uma nova carreira ou de novos projetos. Algumas pessoas buscam a OPA individual de forma tardia, depois de ter vivenciado situações de sofrimento e/ou doenças psicológicas — depressão, síndrome do pânico etc. — decorrentes de um processo de aposentadoria sem planejamento subjetivo.

A orientação para a aposentadoria em famílias pode ocorrer em espaços clínicos

Esta é elaborada para responder às demandas apresentadas por familiares da pessoa aposentada, especialmente cônjuge, ou pelo próprio aposentado (Antunes, 2014).

Como método de trabalho, é realizado o atendimento da família por meio de entrevistas e da utilização de técnicas de orientação (Soares e Bogoni Costa, 2011). Esse tipo de orientação tende a ser concluído em cerca de dez encontros, com duração de uma a duas horas cada.

Entre os desafios percebidos está a necessidade de identificar que se trata de um processo de orientação para a aposentadoria e, muitas vezes, a depressão pode ser uma consequência de uma aposentadoria malplanejada. Torna-se essencial o envolvimento de outros entes, além de quem traz a queixa, para a compreensão do contexto e a elaboração de projetos a ser concretizados de modo conjunto.

OPA no âmbito das políticas públicas e sociais

Elaboração e gestão de projetos educacionais do setor público

Caracteriza-se pela elaboração e gestão de projetos do setor público, os quais podem contemplar as seguintes temáticas:

1. Educação financeira e previdenciária, não somente aos pré e pós-aposentados, mas àqueles que iniciam a carreira, a fim de planejarem o tempo de contribuição e os valores necessários. Nesse tipo de atuação, o orientador trabalha os aspectos emocionais relacionados à constituição de poupança e economia.
2. Construção de novas possibilidades de carreira na pós-aposentadoria.
3. Engajamento social por meio da participação em atividades de voluntariado organizadas por órgãos públicos, centros comunitários, associações, sindicatos e ONGs.

Como método de trabalho, sugerimos ao orientador participar da implantação de políticas educacionais que favoreçam o conhecimento do contexto da aposentadoria e das questões técnicas dos benefícios previdenciários, disseminando a importância da educação financeira e previdenciária.

Os desafios percebidos dizem respeito a difundir os conhecimentos sobre a aposentadoria e o envelhecimento, desconstruindo mitos — como o de que a aposentadoria significa adoecimento, envelhecimento e o fim dos projetos de vida. Além disso, possibilita-se o fortalecimento do papel social do aposentado e de suas possibilidades de contribuição para a sociedade.

Interpretação de demandas para o planejamento urbano

Após a aposentadoria, a relação com os espaços urbanos modifica-se. Em geral, as políticas públicas de planejamento urbano promovem segregações — separando os espaços das crianças, dos idosos, de quem trabalha —, o que, de certo modo, é discriminatório e afasta as pessoas de um habitar emancipador, isto é, de se sentir parte do local onde moram (Bogoni Costa e Soares, 2015). É fundamental a participação da OPA na interpretação dos anseios do habitar para construir espaços que sejam de todos os cidadãos.

Como método de trabalho, sugerimos que o conhecimento do orientador sobre a aposentadoria seja adotado por políticas públicas de planejamento urbano. Sua participação é fundamentada em experiências de pesquisa e no exercício profissional; além disso, seu contato com o público aposentado facilita a compreensão e a interpretação das demandas de planejamento urbano.

Entre os desafios percebidos, apontamos a necessidade de participação nesse processo, de modo interdisciplinar, rompendo com papéis quase sempre conduzidos por arquitetos e urbanistas. O orientador, em todos os momentos da carreira, consegue compreender de modo amplo a relação das pessoas com o trabalho e o não trabalho e, dessa forma, pode traduzir tais necessidades em projetos que tornem os espaços melhores para se habitar.

Atuar na formação universitária de futuros orientadores

Os orientadores deveriam também atuar nas universidades, onde docentes e estudantes podem realizar trabalhos de pesquisa/extensão sobre aposentadoria. Desse modo e em consequência, o tema necessita estar presente nos currículos da graduação, a fim de construir os fundamentos da atuação profissional em psicologia (Soares e Bogoni Costa, 2011).

Como método, sugerimos despertar o interesse por atividades de pesquisa e extensão e no campo de atuação dos estágios, a fim de preparar profissionais para as demandas atuais e para aquelas que surgirão. Entre os desafios percebidos, estão o investimento na formação docente e a inovação em pesquisas e extensão na área, de modo atento às demandas sociais.

Para finalizar: aposentadoria, um ponto e/ou uma vírgula?

A capa de nosso primeiro livro sobre orientação para a aposentadoria (Soares e Bogoni Costa, 2011) traz a imagem sugestiva de uma vírgula, pois embora a vivência da aposentadoria tenha seus pontos-finais, representados pelos rompimentos, pelo desapego, pelas perdas e pelo luto, também pode apresentar diversos e importantes ganhos e gozos. Trata-se de uma comparação metafórica, pois a vírgula representa esse momento de pausa com continuidade. Diante disso, o olhar do orientador profissional para o aposentado será mais nítido quando estivermos desprovidos de respostas prontas, das tentativas de reduzir ou de generalizar, vislumbrando cada contexto, cada pessoa e cada acontecimento como únicos, sem pontos-finais.

Entendemos que, ao tocar a realidade social e o passado histórico, não encontramos o natural do presente e o ideal para o futuro, mas muitas possibilidades de construção, que não podem se amparar em dicotomias, pois correríamos o risco de recair na mesmice de nossas crenças. Falar sobre a aposentadoria sem tocar a realidade social e o passado histórico é distanciar-se do que pode ser esperado para o futuro. Afinal, o homem não tem natureza, tem história (Ortega y Gasset, 2001). Por fim, esperamos que a discussão iniciada neste breve texto não acabe, mas insista, persista e exista, com suas vírgulas, seus gozos e lutos... Lembrando que a alegria "não chega, porque a alegria não mora no futuro, mas só no agora" — e talvez esse seja o nosso maior desafio como orientadores para a aposentadoria.

Referências

ALVES, R. *O retorno e terno*. Campinas: Papirus, 1992.

ANTUNES, M. H. *Entre o mito do pijama e o projeto de ser feliz: as repercussões da aposentadoria na dinâmica relacional familiar na perspectiva do casal*. Dissertação (mestrado em Psicologia), Universidade Federal de Santa Catarina, Florianópolis, 2014.

ANTUNES, M. H.; MORÉ, C. L. O. O. "Aposentadoria, saúde do idoso e saúde do trabalhador: revisão integrativa da produção brasileira". *Revista Psicologia Organizações e Trabalho*, v. 16, n. 3, 2016, p. 248-58. Disponível em: <http://pepsic.bvsalud.org/pdf/rpot/v16n3/v16n3a04.pdf>. Acesso em: 25 maio 2018.

ANTUNES, R. "O trabalho, sua nova morfologia e a era da precarização estrutural". *Revista Theomai*, v. 19, n. 1, 2009, p. 47-57. Disponível em: <http://revista-theomai.unq.edu.ar/numero19/artantunes.pdf>. Acesso em: 25 maio 2018.

______. "Trabalho". In: CATTANI, A. D.; HOLZMANN, L. (orgs.). *Dicionário de trabalho e tecnologia*. 2. ed. rev. e ampl. Porto Alegre: Zouk, 2011.

BOGONI COSTA, A. *Projetos de futuro na aposentadoria*. Dissertação (mestrado em Psicologia), Universidade Federal de Santa Catarina, Florianópolis, 2009.

BOGONI COSTA, A.; SOARES D. H. P. "A atuação em orientação psicológica para a aposentadoria: âmbitos, possibilidades, métodos e desafios". In. LASSANCE, M. C.; LEVENFUS, R. S.; MELO-SILVA, L. (orgs.). *Orientação de carreira: investigação e prática*. Porto Alegre: Associação Brasileira de Orientação Profissional, 2015.

FRANÇA, C. L. *et al*. "Intervenção breve na preparação para aposentadoria". *Revista Brasileira de Orientação Profissional*, v. 14, n. 1, 2013, p. 99--110. Disponível em: <http://www.redalyc.org/pdf/2030/203027936010.pdf>. Acesso em: 25 maio 2018.

FRANÇA, L. H. de F. P.; VAUGHAN, G. "Ganhos e perdas: atitudes dos executivos brasileiros e neozelandeses frente à aposentadoria". *Psicologia em Estudo*, v. 13, n. 2, 2008, p. 207-16.

INSTITUTO NACIONAL DE SEGURIDADE SOCIAL. *Boletim estatístico da Previdência Social*. Brasília: INSS, 2011. Disponível em: <http://www.previdencia.gov.br/arquivos/office/3_110825-143916-892.pdf>. Acesso em: 25 maio 2018.

______. *Anuário estatístico da Previdência Social*. Brasília: INSS, 2016. Disponível em: <http://www.previdencia.gov.br/wp-content/uploads/2018/01/AEPS-2016.pdf>. Acesso em: 25 maio 2018.

INSTITUTO BRASILEIRO DE GEOGRAFIA E ESTATÍSTICA. *Síntese de indicadores sociais 2016*. Rio de Janeiro: IBGE, 2016. Disponível em: <https://biblioteca.ibge.gov.br/visualizacao/livros/liv98965.pdf>. Acesso em: 25 maio 2018.

LIMA, M. B. de F. *Aposentadoria e tempo livre: um estudo com policiais federais*. Dissertação (mestrado em Psicologia), Universidade Federal de Santa Catarina, Florianópolis, 2010.

LIMA-COSTA, M. F. *et al*. "Tendências em dez anos das condições de saúde de idosos brasileiros: evidências da Pesquisa Nacional por Amostra de Domicílios (1998, 2003, 2008)". *Ciência & Saúde Coletiva*, v. 16, n. 9, 2011, p. 3689-96. Disponível em: <http://www.scielo.br/pdf/csc/v16n9/a06v16n9.pdf>. Acesso em: 25 maio 2018.

MUFFANG, S. *La retraite? Pas si simple! Comment passer le cap*. Paris: Ellipses, 2009.

NASCENTES, A. *Dicionário etimológico da língua portuguesa*. Rio de Janeiro: Lexikon, 2010.

Neri, M. "Entrevista: reduzimos a pobreza e ajudamos a manter a economia girando. O desafio agora é que as pessoas sejam mais protagonistas de suas vidas". Portal Ipea, 11 jun. 2013. Disponível em: <http://www.ipea.gov.br/portal/index.php?option=com_content &view=article &id= 18525&catid=96&Itemid=2>. Acesso em: 25 maio 2018.

Organização das Nações Unidas. *Relatório de perspectivas da população mundial: revisão de 2017*. Rio de Janeiro: autor, 2017. Disponível em: <https://esa.un.org/unpd/wpp/Publications/Files/WPP2017_KeyFindings.pdf>. Acesso em: 25 maio 2018.

Ortega y Gasset, J. *A rebelião das massas*. Campinas: Vide, 2016.

Padilha, V. *Tempo livre e capitalismo: um par imperfeito*. Campinas: Alínea, 2000.

Ribeiro, M. A.; Zerbini, T. "Síntese das discussões e propostas do Grupo de Trabalho: Interfaces entre a orientação profissional, psicologia organizacional e do trabalho e administração". *Revista Brasileira de Orientação Profissional*, v. 13, n. 1, 2012, p. 117-20. Disponível em: <http://pepsic.bvsalud.org/scielo.php?script=sci_arttext&pid=S1679-33902012000100013>. Acesso em: 25 maio 2018.

Roesler, V. *Posso me aposentar "de verdade", e agora? Contradições e ambivalências vividas no processo de aposentadoria de bancários*. Curitiba: Alteridades, 2014.

Santos, M. de F. de S. *Identidade e aposentadoria*. São Paulo: EPU, 1990.

Sarriera, J. C. *et al.* "Significado do tempo livre para adolescentes de classe popular". *Psicologia: Ciência e Profissão*, v. 27, n. 4, 2007, p. 718-29.

Sato, L. *Feira livre: organização, trabalho e sociabilidade*. São Paulo: Edusp, 2012.

Soares, D. H. P.; Bogoni Costa, A. "Projetos de futuro na aposentadoria: uma discussão fundamentada pela orientação profissional em psicologia". *Revista de Psicología y Ciencias Afines*, 2008.

______. *Aposent-Ação: aposentadoria para ação*. São Paulo: Vetor, 2011.

______. "Orientação para a aposentadoria: possibilidades de atuação para o orientador profissional". In: Lassance, M. C.; Levenfus, R. S.; Melo-Silva, L. (orgs.). *Orientação de carreira: investigação e prática*. Porto Alegre: Associação Brasileira de Orientação Profissional, 2015.

Zanelli, J. C.; Bastos, A. V. B.; Rodrigues, A. C. de A. "Campo profissional do psicólogo em organizações e no trabalho". In.: Zanelli, J. C.; Borges-Andrade, J. E.; Bastos, A. V. B. *Psicologia, organizações e trabalho no Brasil*. Porto Alegre: Artmed, 2014, p. 549-82.

Zanelli, J. C.; Silva, N.; Soares, D. H. P. *Orientação para aposentadoria nas organizações de trabalho: construção de projetos para o pós-carreira*. Porto Alegre: Artmed, 2010.

Witczak, M. V. C. *Envelhecer ao aposentar-se: discutindo a aposentadoria masculina, o envelhecer e o subjetivar*. Dissertação (mestrado em Psicologia), Universidade Federal do Rio Grande do Sul, Porto Alegre, 2005.

______. *Nos olhos, no corpo e na boca: a ressignificação da vida após a aposentadoria por invalidez permanente.* Tese (doutorado em Psicologia), Pontifícia Universidade Católica do Rio Grande do Sul, Porto Alegre, 2011.

PROGRAMA DE ORIENTAÇÃO FINANCEIRA (PROFIN)

DULCE HELENA PENNA SOARES
CLÁUDIA BASSO
REGINA CÉLIA PAULINELI BORGES

10

A história do Profin

A escolha da profissão é o primeiro passo para o ingresso no mundo do trabalho e está intrinsecamente ligada não só à satisfação pessoal como também ao sustento e ao retorno financeiro. A orientação financeira foi desenvolvida inicialmente como uma parte do trabalho de orientação profissional e de carreira, no intuito de atender à necessidade de jovens e adultos de compreender sua relação com o dinheiro.

O Laboratório de Orientação Profissional (Liop) da Universidade Federal de Santa Catarina (UFSC) criou, sob a supervisão e orientação da professora Dulce Helena Penna Soares, em 2007 (Soares, Pedroso e Veriguine, 2009), o Programa de Orientação Financeira (Profin), realizado também como curso de capacitação no Departamento de Desenvolvimento de Potencialização de Pessoas — Divisão de Capacitação e Afastamento para Formação. Esse trabalho se estendeu até 2012, quando a professora responsável se aposentou.

Em 2016, o Profin foi retomado, agora pelo Instituto do Ser — Orientação Profissional e de Carreira, por sua idealizadora, Dulce Helena, e duas colegas psicólogas orientadoras profissionais e de carreira: Cláudia Basso e Regina Célia Borges. Essa equipe tem desenvolvido várias ações nesse programa, as quais serão apresentadas na sequência.

Segundo Soares, Pedroso e Veriguine (2009), não se pode negar a correlação entre as temáticas escolha profissional, trabalho e dinheiro nos processos de orientação profissional, de carreira e para a aposentadoria (OPCA). O aspecto financeiro é um dos fatores determinantes na escolha profissional e está intimamente ligado a essa área da vida humana. Se a orientação profissional (OP) objetiva levar as pessoas a encontrar a satisfação no trabalho, de forma direta ou indireta, os aspectos relacionados ao dinheiro necessariamente acabam sendo abordados nos processos de OPCA.

O Profin é uma proposta pioneira na área de finanças devido ao seu enfoque psicológico, pois a maioria dos trabalhos existentes aborda principalmente informações e subsídios técnicos para a organização das finanças pessoais, deixando de lado os aspectos psicológicos, familiares e sociais ligados à questão do dinheiro.

As publicações a respeito de finanças e comportamento foram consultadas no planejamento das atividades, como Tolotti (2007) e Macedo (2007); Kiyosaki e Lechter (2000); Capriles (2005); Felton-Collins (1992); entre outros. As técnicas utilizadas foram extraídas dos livros de orientação profissional (Soares, 2002; Soares-Lucchiari, 1993; Mahl, Soares e Oliveira Neto, 2005) e adaptadas para o contexto financeiro, pois não foram encontradas técnicas específicas para esse tipo de orientação. Além disso, a literatura em orientação financeira ainda é muito limitada.

A orientação financeira como tema nos processos de OPCA

No Brasil, a orientação profissional se constitui em uma área de atuação do psicólogo, tendo como foco de estudos e intervenções a relação do homem com seu trabalho. É importante ponderar que essa relação está inserida em um contexto que considera aspectos sociais, culturais, familiares, econômicos, políticos e psicológicos. Desse modo, o tema finanças acaba sendo recorrente, uma vez que o trabalho representa a forma de manutenção do sustento, o canal por onde os indivíduos garantem sua subsistência e sobrevivência.

Daí a importância de o trabalho ser o máximo possível definido com base em uma escolha refletida, discutida e cuidadosa, que composta com outros fatores será determinante para a realização ou a frustração profissional e, consequentemente, pessoal. Os fatores que influenciam a escolhas de uma profissão e, também, aquelas ocorridas ao longo da trajetória profissional divergem para cada pessoa. Para uns pode ser a influência e a expectativa dos pais; para outros, o *status* da profissão escolhida. Contudo, a questão financeira sempre estará presente, em maior ou menor grau de relevância. Cabe ao orientador profissional refletir com seus clientes sobre esses temas: precisamos considerar ou não a demanda do ganho financeiro para fazer uma escolha profissional? Que importância o dinheiro assume na tomada de decisão de carreira?

Quando falamos na influência dos ganhos financeiros nas escolhas profissionais, não se trata de ser "8 ou 80", ou seja, não podemos desconsiderá-los nem fazer a escolha somente pelo dinheiro. O que a pessoa busca para sua vida pessoal em relação à estabilidade financeira e conforto, bem como o que é essencial para ter uma vida tranquila, resultará dos ganhos advindos do trabalho na profissão ligada ao seu desejo de exercê-la.

É importante diferenciar a experiência do Profin das práticas de educação financeira. Nesta última, ensina-se a economizar, planejar, investir. Esse, no entanto, não é o nosso foco. Buscamos possibilitar ao sujeito a reflexão e a discussão desses temas, levando em conta aspectos psicológicos dessa relação, como valores, convicções e sentido(s) que cada indivíduo estabelece com o dinheiro em sua história de vida no sistema capitalista em que vivemos.

Estamos vivendo uma conjuntura socioeconômica em desequilíbrio, uma "gangorra econômica". Para Pochmann (2014), no final do século 20 a economia nacional decaiu e comprimiu a parcela salarial de 50% para 39% da renda nacional. Na primeira década do século 21, voltamos a crescer em um regime pós-neoliberal que culminou com a retomada do crescimento. Contudo, dadas as questões político/econômicas que vivemos hoje, fica configurado um período de crise em que a exclusão social permanece, apesar dos tênues sinais de recuperação econômica vindos a público. Excesso de desemprego, informalidade e precariedade no trabalho, falências, perdas salariais e pobreza compõem um contexto que desencadeia sentimentos de angústia, insegurança, ansiedade, incerteza e desânimo, levando as pessoas a repensar sua relação com o dinheiro e, também, a replanejar sua vida financeira.

Desse modo, a relevância do trabalho desenvolvido no Profin, seja individual ou em grupo, se dá pela possibilidade de elucidação desses processos mediados pelo aspecto psicológico, envolvendo, assim, os significados, os sentidos, os juízos de valor, os afetos e outras implicações na relação sujeito-trabalho-dinheiro. São propostos debates e reflexões acerca das relações familiares, afetivas e de aprendizagem financeira; escolhas profissionais, sobre carreiras e questões econômicas; desejos, sonhos e projetos pessoais e profissionais. Sintetizando, o Profin também aborda as consequências do uso devido e indevido do dinheiro e a saúde financeira com base no autoconhecimento.

Orientação financeira: reflexões sobre as finanças pessoais

O dinheiro tem assumido diversos sentidos e significados, atravessados por crenças familiares e valores pessoais e sociais — os quais interferem nos comportamentos com as finanças, seja de maneira positiva ou negativa, e, também, na relação com a escolha de uma profissão e nas decisões ao longo da carreira. Esse é um dos aspectos centrais abordados nas diversas ações do Profin.

O dinheiro sempre foi assunto controverso e importante para a motivação da conduta humana. É frequente a imagem do dinheiro como símbolo da obtenção de prazer e satisfação de necessidades e desejos, em que cada um projeta e concretiza suas fantasias (Capriles, 2005). Considerando o consumo desenfreado e a "urgência" da satisfação dos desejos, que levam muitos indivíduos ao endividamento e, consequentemente, à frustração e a conflitos os mais variados, de ordem pessoal e emocional, podemos afirmar que a psicologia tem grande atuação nesse tema (Tolotti, 2007).

Para cada pessoa, com base em sua história de vida, o dinheiro assume significações subjetivas que refletirão nas ações relacionadas com sua vida financeira. O dinheiro pode tanto promover o sustento e a aquisição de bens e serviços quanto construir uma vida repleta de desconfiança, insegurança e solidão (Santos e Carmo, 2012). Tudo vai depender do significado que cada um atribui ao dinheiro e da maturidade emocional para lidar com ele.

Nesse sentido, a reflexão e o esclarecimento acerca dos aspectos atribuídos ao dinheiro tornam-se proveitosos e favoráveis para compreender algumas influências econômicas, sociais e psicológicas existentes nas decisões ligadas às finanças, bem como na escolha profissional e ao longo da carreira. Por isso, a condução do trabalho requer planejamento e uma escuta psicológica cuidadosa. A seguir, apresentamos algumas das ações desenvolvidas dentro do Profin no Instituto do Ser — Orientação Profissional e de Carreira desde 2016.

A experiência do Profin no Instituto do Ser

Workshops: proposta para um início de conversa e reflexão

Com o objetivo de iniciar uma conversa sobre os aspectos psicológicos envolvidos nas questões financeiras e apresentar o trabalho do Programa de Orientação Financeira (Profin), realizamos *workshops* em variados locais, como empresas, escolas, associações e sindicatos onde existam pessoas interessadas em refletir sobre esse tema pelo olhar da psicologia.

Os *workshops* são realizados num período de duas a três horas, nas quais participantes de diferentes idades, escolaridades e profissões compartilham as discussões. A cada encontro/*workshop* diferentes temas são propostos, sendo trabalhados na forma de vivências, com base em reflexões e troca de experiências entre os participantes. Entre os temas já abordados, expomos dois, a seguir.

O dinheiro e as relações afetivas familiares: seus significados e crenças

Que herança financeira os pais deixaram ou deixarão para seus filhos? "Vou dar a(o) meu(minha) filho(a) o que eu não tive", "Quero que ele(a) tenha o melhor", "Abri uma poupança e/ou comprei um apartamento para ele(a) começar a vida com alguma coisa", "Aumentei meu capital financeiro para deixar uma herança para meu(minha) filho(a)", "Não tenho bens nem dinheiro, mas deixo meus filhos formados". Esses exemplos podem se constituir como herança, mas também se percebe uma preocupação em proporcionar uma vida financeira menos difícil e o desejo — talvez uma cobrança — de que os filhos possam se organizar e cuidar de seu futuro.

Será que fazendo isso os pais estão educando financeiramente seus filhos? Que padrões e valores estão sendo transmitidos e qual é a repercussão nas decisões dos filhos ao lidarem com o dinheiro? Ou, ainda, qual(is) é(são) a(s) referência(s) dos filhos na questão financeira: são pais, avós, tios, ou a mídia? Com essas provocações, podemos pensar: é errado querer dar um "mimo" ou o melhor para meu(minha) filho(a)? Ou acumular capital para oferecer mais conforto e tranquilidade financeira a ele(a)? Até certo ponto, não, pois os pais partiram de suas experiências com a família e do contexto socioeconômico da sua época; além disso, tais preocupações dizem respeito ao carinho e ao zelo para com os descendentes. Porém, é necessário cuidado para que essas atitudes não sejam demasiadas e sem limites, e também para que não haja confusão entre valor, preço e afeto. A educação financeira não deve ocorrer de maneira puramente técnica (economicista) nem gerar dependência emocional e financeira. É importante os pais ajudarem os filhos a adquirir maturidade emocional para enfrentar questões relacionadas com o dinheiro e fazer "boas escolhas".

Ao abordarmos essas questões nos *workshops*, percebemos que as aprendizagens, os valores, as concepções particulares e os afetos estão presentes nas relações entre pais, filhos, irmãos, avós, netos. Em geral as pessoas procuram repetir o modelo vivenciado em casa e, quando esse padrão não agrada, fazem o seu contrário, de modo diferente, para não sofrer o mesmo que os pais/avós sofreram. Por isso, esses aspectos precisam ser tratados com cuidado e administrados da melhor maneira possível.

Estudos mostram que as questões financeiras e a maneira como se lida com elas refletem na qualidade das relações familiares, nos sentimentos, nos afetos, na saúde e no equilíbrio emocional de todos os envolvidos. Em situações de dificuldade financeira, muitas vezes, em vez prover apoio e proteção uns aos outros, os membros da família discutem, brigam e nutrem sentimentos dolorosos, o que pode, inclusive, levar ao rompimento das relações (Santos e Carmo, 2012).

No contexto familiar, além do pagamento de bens materiais e serviços, o dinheiro (ou sua retirada) acaba substituindo aspectos subjetivos, como tempo, afeição, agradecimento, culpa, vingança, poder, *status*, justiça, reconhecimento, premiação, punição, amor, exploração e ajuda, entre outros (Santos e Carmo, 2012). Por exemplo, os pais com pouco tempo para estar com os filhos em virtude do trabalho tentam compensar pagando uma viagem de férias ou dando aos filhos todos os bens materiais solicitados por eles; os filhos desobedientes recebem como castigo a retirada da mesada; o marido presenteia a esposa como forma de gratidão e amor; ou, numa briga entre o casal, a esposa gasta além do orçamento; a compra de bens materiais, pelo casal e/ou filhos, necessária para se sentir pertencente a um grupo, mostrar um *status*; o filho que realizou todas as tarefas e recebeu como prêmio um presente. Essas atitudes podem tanto afastar como aproximar, possibilitar o descanso, o lazer, a diversão, a saúde, a segurança e a proteção como também a tensão, o sofrimento, a hostilidade e o ódio.

Além disso, alguns valores e mitos que permeiam os discursos na família influenciam o comportamento das pessoas ao ganhar, gastar, poupar e investir o dinheiro. Por exemplo: "rico é infeliz", "enriqueceu porque roubou", "trabalho honesto não enriquece", "muito dinheiro só atrai desgraças e inveja". Portanto, eles podem ser saudáveis, traumáticos ou confusos (Santos e Carmo, 2012).

A orientação financeira começa em casa, pois os pais são a referência para os filhos em todos os aspectos. Uma criança de 3 anos compreende a existência de produtos baratos e caros, mas não consegue diferenciá-los. O processo de aprendizagem do valor (noção) do dinheiro acontece na medida em que ela vai crescendo. A partir dos 10 anos, essa compreensão fica mais clara e hábil (D'Aquino, 2008). Mas para isso é importante que esse tema seja discutido na família, de maneira natural, sem culpa nem cobranças.

Ao abordar esse tema no *workshop*, percebemos que as famílias falam menos sobre o dinheiro e as questões financeiras do que sobre sexualidade. Há receios e dificuldades, em especial por envolver aspectos afetivos, normas e crenças. Por isso, o olhar e a escuta psicológica ao tratar esse tema são tão importantes.

Como escolho gastar o dinheiro?

No seu dia a dia você tem consciência de quanto gasta e se consegue honrar todos os compromissos do mês? Ou simplesmente vai "levando a vida" e pagando as contas quando chegam? Às vezes precisa pedir ajuda ou aposta na sorte de receber um "extra" para pagar aquela conta, já esquecida? Essas são algumas indagações sobre a temática proposta no *workshop*, com o objetivo de mobilizar as pessoas a olhar para o modo como escolhem gastar e administrar seu dinheiro.

Em nossa experiência em programas de orientação financeira, observamos que as pessoas se comportam diferentemente em relação às finanças, podendo estar em dois extremos de uma linha de organização: aquelas que controlam exatamente tudo que gastam, sabendo para onde foi cada centavo, e as que não têm a menor noção das suas despesas, evitando até olhar o extrato da conta bancária.

Um participante disse que chegou a ficar três meses sem olhar o extrato; outra evitava olhar e, quando não podia mais evitar de consultar o saldo, ficava com náuseas e dor no estômago. O ideal é estar no meio dessa linha — nem tão controlado, sem sentir o prazer de gastar, mas sem perder por completo o controle da situação.

A primeira atitude da pessoa para se organizar financeiramente é saber quanto ganha e quanto gasta por mês. Muitos indivíduos nunca fazem esse exercício, pois pode parecer difícil começar. Uma forma de fazer isso é iniciar anotando todos os valores gastos diariamente, num bloco ou agenda, e depois de algum tempo organizar uma tabela de ganhos e gastos, a fim de se organizar financeiramente e, assim, tornar esse processo consciente.

Hoje, tanto no discurso das pessoas quanto na mídia, está claro que a situação socioeconômica da população brasileira se encontra em um momento difícil em virtude da diminuição da renda, do crescimento do desemprego e do aumento dos custos com produtos perecíveis e serviços essenciais (educação, saúde, transporte, entre outros). Esse cenário desencadeia um conjunto de sentimentos (medo, ansiedade, angústia) e atitudes nas pessoas, gerando ações de planejamento para economizar — por exemplo, cuidar mais do que investir e gastar fundamentalmente em itens considerados essenciais para a sobrevivência.

Nesse sentido, outras questões para reflexão e debate são ofertadas aos participantes: como estou planejando gastar? Faço planejamento? Como gasto meu dinheiro? Ou não gasto? Costumo economizar? De que modo faço isso? Como invisto meu dinheiro?

O modo como planejamos, gastamos, poupamos e/ou investimos nas finanças envolve nossa consciência sobre o que ganhamos e gastamos, comportamentos vinculados à nossa realidade pessoal, profissional e familiar, bem como a convicções, valores, mitos, interferências, ao que aprendemos na família e na sociedade, e a como lidamos com a perda, ansiedades e frustrações na relação com o dinheiro.

Assim, a orientação financeira nesse viés psicológico ajudará a perceber onde gastamos e se gostaríamos de continuar gastando da mesma maneira, onde vamos economizar e quanto nos permitiremos gastar para comprar aquilo que é importante para nós.

Oficinas do programa de orientação financeira

As oficinas do Profin são realizadas em grupo de seis a oito pessoas, por um período de oito encontros semanais, com duas a três horas de duração. Duas entrevistas individuais são realizadas, uma no início e outra no final do processo. Nessas ocasiões são discutidos os diferentes temas presentes nas relações que as pessoas estabelecem com o dinheiro. Em cada atividade realizamos um momento inicial mais vivencial, em que todos têm tempo para se manifestar e, num segundo momento, realizamos um processamento grupal do que foi vivenciado pelos integrantes.

Entre os temas, enfatizamos os mais recorrentes: a) significado do dinheiro para as pessoas e o que aprenderam com sua família; b) mitos, crenças e valores familiares transmitidos através das gerações; c) como escolho gastar o dinheiro; d) linha da vida financeira pessoal e familiar, como a família tem usado o dinheiro ao longo da vida do cliente; e) aspectos inibidores e deflagradores na relação com o dinheiro; f) ganhos e gastos = planilha financeira; g) as diferentes esferas da vida e a relação com o dinheiro; h) planejamento futuro da vida financeira.

Desde pequenos aprendemos a lidar com o dinheiro em família. Geralmente a primeira experiência com o dinheiro, como comprar algo utilizando uma moeda ou uma nota, é vivenciada com os pais e irmãos ou com os tios e avós. É na infância que aprendemos a administrar a mesada, a guardar para comprar algo maior ou a gastá-la toda de uma vez, sendo importante ressaltar que não existem regras nem julgamentos de certo ou errado, mas os participantes são estimulados e refletir sobre o modo como agem.

Ao questionar os participantes do Profin sobre a primeira vez em que tiveram contato com o dinheiro, em que situação e o que fizeram com ele, escutamos histórias muito interessantes, às vezes semelhantes, embora tenham acontecido nas mais diferentes regiões brasileiras. Por exemplo, ao contar sobre como ganharam o primeiro dinheiro, os homens relatam ter sido fazendo algum pequeno serviço em casa para os pais, tios ou avós, como ajudar na colheita de algo, limpar e roçar um terreno, lavar o quintal, o carro ou cortar a grama. Para as mulheres, por vezes foi cuidando de um irmão menor ou de um primo ou vizinho para os pais poderem se ausentar, auxiliando a mãe nas lides domésticas, comprando pão e leite. Também contam histórias de pequenos empreendedores que, ainda muito jovens, colhiam laranjas, goiabas, mangas ou outras frutas do quintal alheio e vendiam na vizinhança. Alguns colhiam alface, tomate e outros vegetais e também saíam oferecendo a quem quisesse comprar. Outros abriram pequenos negócios de vender revistas e brinquedos usados, ou ainda organizaram pequenas peças de teatro ou shows de música para apresentar no final de semana e cobrar ingresso dos vizinhos para assistirem.

Ao perguntar como os avós ganhavam e usavam o dinheiro, se conversavam com os filhos e netos sobre isso, quem gerenciava o dinheiro na família e pagava as contas, para nossa surpresa descobrimos que as pessoas pouco conversavam sobre o assunto, muito menos com os avós. Na maioria das famílias esse é um assunto proibido, mais ainda com as crianças. O que sabem é o aparente: "Meu avô era um avarento. Não queria gastar o dinheiro. Dizia que um dia a gente ia precisar e não era para gastar tudo naquele momento". Mas não sabem o motivo de ele dizer isso, qual foi a sua experiência de vida — pode ter sido um imigrante que fugiu de uma guerra e chegou ao Brasil sem nenhum dinheiro, tendo de começar tudo do início, por exemplo.

Se soubermos a história vivida pelos nossos ancestrais, compreenderemos melhor como nós "sentimos" toda essa situação, pois muitas circunstâncias e acontecimentos se repetem ao longo das gerações e podemos estar agora vivenciando algo que nossos avós também viveram, em outra época, com uma situação de vida diferente.

Por outro lado, ao discutir sobre os pais, enfocamos: como eles ganham e usam o dinheiro? Conversam com os filhos sobre o dinheiro? Quem gerencia o dinheiro na família e decide onde gastar, o pai ou a mãe? Quem paga as contas e quem ganha o dinheiro?

Ao indagar aos participantes dos grupos se aprenderam a lidar com o dinheiro na família, já temos respostas diferentes em relação a essa geração dos pais. As respostas se dividem em SIM: "Meus pais sentaram e conversaram com os filhos sobre os gastos familiares, discutimos onde era melhor gastar o dinheiro, o que não se deveria fazer ou como economizar luz, água, telefone" [*sic*]; e NÃO: "Nunca falamos sobre as contas familiares, tive de aprender sozinho, meu pai nunca me falou quanto ele ganhava nem quanto custa manter uma casa, pagar as contas de água, luz, impostos, telefones etc." [*sic*]. "Meu pai só sabe reclamar que nós estamos gastando muito, mas não explica nada" [*sic*].

Assim, a melhor forma de compreender nosso jeito de utilizar o dinheiro, se somos gastadores ou poupadores, liberais ou avarentos, ou se lidamos "bem" com ele, é conversando com os familiares e com os amigos. Falar sobre o dinheiro de forma tranquila, sem os mitos e medos que nos levam a calar e, muitas vezes, a nos endividar por não querer pensar nisso de forma refletida e responsável, é de extrema importância.

Ao avaliar os resultados, parte do trabalho só é possível graças à abertura demonstrada pelos grupos diante das intervenções dos coordenadores e também do vínculo que deverá ser formado desde o início. Pudemos observar em várias situações o sentimento de união manifestado entre os membros, demonstrando respeito mútuo e consideração pelas questões de cada pessoa.

Compartilhando em grupo, os participantes têm a oportunidade de trocar experiências e trabalhar seus conflitos apoiando-se nas falas dos colegas. Alguns comentários: "No encontro a gente experimenta vários sentimentos, como o de se sentir poderoso e se sentir pequeno também. Vocês [coordenadores] percebem coisas e nos colocam coisas que eu inicialmente não via. E isso vale muito a pena" [*sic*]; "Senti o grupo unido, como se fosse uma família, e os encontros eram muito agradáveis" [*sic*].

Os temas mais comuns nos encontros e discutidos em profundidade são: conflitos familiares, afetos, respeito, carreira, família, pais, filhos, sucesso, heranças, falências, submissão, orgulho, raiva, benefícios e malefícios do dinheiro.

Não existe certo e errado no que se refere à relação homem-trabalho-dinheiro, pois cada um, com base em suas experiências, pôde relatar suas vivências e contribuir para o sucesso dos grupos, ficando sob a responsabilidade dos coordenadores manter o equilíbrio, a ética e o respeito entre seus membros.

As técnicas utilizadas e adaptadas da metodologia já desenvolvida nos grupos de OPCA tiveram ótima aceitação. Os participantes as avaliaram como imprescindíveis no processo grupal e salientaram ter havido um equilíbrio entre o enfoque psicológico e técnico de planejamento financeiro. Suas expectativas foram superadas e as técnicas, assim como o tempo de trabalho, adequadas.

Profin Juvenil: uma experiência piloto na escola pública

O Profin é um projeto extensivo a diversas faixas etárias; pensando na flexibilidade e na relevância do tema, descrevemos uma vivência prática realizada com jovens de uma escola pública de Florianópolis, Santa Catarina.

Em ações sociais anteriores, nessa mesma escola, realizamos atividades como voluntárias de orientação profissional para os alunos dos segundo e terceiro anos do ensino médio, como também para os alunos do nono ano do ensino fundamental. Objetivando contemplar diferentes públicos, decidimos que a turma piloto do Profin Juvenil seria constituída por jovens do primeiro ano do ensino médio.

Contudo, como a educação financeira não faz parte dos programas curriculares de escolas de nível fundamental e médio, ressaltamos que esta pode ser adaptada a diferentes faixas etárias e, desse modo, colaborar com a construção de senso crítico em direção a uma consciência financeira responsável (Pregardier, 2015).

Instrumentalizar esses jovens é também uma oportunidade de "despertá-los" e prepará-los para uma futura escolha profissional mais consciente de seus projetos de carreira e de vida. Quando aprendemos a lidar com as finanças e, consequentemente, descobrir os significados que o dinheiro nos suscita, os projetos de futuro poderão ser mais bem planejados e direcionados, de forma mais fidedigna e consciente de acordo com cada realidade social.

O Profin Juvenil no ensino médio foi estruturado em seis encontros, com duração de uma hora e meia cada, totalizando nove horas, na frequência de uma vez por semana. Nos encontros foram abordados os seguintes temas: a) eu e o dinheiro — significados, crenças e valores; b) a família e a sociedade — aprendizagens financeiras; c) consumo consciente e responsável; d) diferença entre necessidades e desejos; e) planejamento financeiro — planilha de ganhos e gastos da família; f) sonhos, prioridades e decisões. Esses temas foram trabalhados com o uso de técnicas vivenciais adaptadas da oficina Profin e com vídeos curtos sobre a temática planejada, visando à reflexão e ao debate entre os colegas.

Participaram do projeto em média 22 estudantes, entre 14 e 17 anos, oriundos de classe social menos favorecida. Alguns relataram que um dos pais ou familiares responsáveis pelo sustento econômico da família estava desempregado.

Ao longo dos encontros, nas atividades propostas, foi recorrente o discurso de que o "dinheiro é tudo", "o mundo é movido pelo dinheiro". Alguns estudantes já poupam, da mesada recebida dos pais ou do salário oriundo de estágios, e gastam com o que dizem ser necessário — alimentação, roupas e calçados e lazer. Em relação à família, poucos pais conversam sobre o assunto, mas os filhos demonstram estar bem atentos ao modo como as pessoas ao seu redor lidam com o dinheiro. Ouvem com frequência os pais dizerem para "gastar só com o que for preciso" e dizem estar aprendendo "que não podemos gastar mais do que temos". Por outro lado, estudantes relataram, de maneira indignada, o gasto dos pais com coisas julgadas por eles desnecessárias, demonstrando um melhor discernimento entre necessidades e desejos perante a realidade da família.

Pode-se ainda perceber que os estudantes compreendem a indução da propaganda e da mídia ao consumo, assim como a influência dos amigos — "comprar um celular porque está na moda", "um amigo chegava e dizia 'Olha, eu tenho um tênis que paguei R$ 800', fazendo que haja 'mais gastos e menos economia'", "só por *status*, ego e ostentação". Esses relatos mostram a importância de trabalhar a orientação e a educação financeira nas escolas de maneira mais crítica e reflexiva, sempre levando em conta a realidade pessoal e familiar vivenciada e o contexto socioeconômico.

Os estudantes avaliaram essa proposta de maneira positiva e relataram ter gostado muito da atividade "Árvore dos sonhos e prioridades", pois puderam elencar seus sonhos e desejos, incluindo as escolhas profissionais e planos para curto, médio e longo prazos. Além disso, definiram as metas e estratégias de modo mais organizado, percebendo quanto as questões financeiras estão envolvidas na tomada de decisão e no alcance desses sonhos. Desse modo, inferimos que essa atividade pode ser o fio condutor de todo o trabalho, por envolver, de modo geral, os temas propostos, bem como despertar interesse por estar implicada diretamente com a vida futura desses jovens.

Enfim, avaliamos ser relevante e viável esse projeto nas escolas, nas diferentes faixas etárias, pois se trata de um assunto pouco discutido na grande maioria das famílias, cercado de preceitos — um "tema de adultos". Ressaltamos que essas experiências comentadas podem e devem ser (re)elaboradas mediante cada realidade. É importante que o orientador profissional, como mediador, tenha conhecimentos científicos, leituras específicas e um vasto e profundo domínio do assunto para que seu fazer seja guiado pelo compromisso ético com os sujeitos participantes (Lisboa, 2017).

Dinheiro: pra que dinheiro? Orientação financeira na aposentadoria

Ao iniciar a escrita desta parte do texto veio à mente a música "Pra que dinheiro", de Martinho da Vila, compositor e cantor brasileiro contemporâneo.

Pra que dinheiro? A aposentadoria chega e com ela uma diminuição da renda é inevitável. Seja funcionário público ou de empresas privadas, sempre ocorre uma redução dos ganhos. E nessa hora vem a pergunta: onde gastar o dinheiro? O que é mais importante e o que pode ser deixado de lado? O tema da orientação financeira nos programas de orientação para a aposentadoria tem por objetivo sensibilizar os participantes para a importância do planejamento financeiro na vida cotidiana após a aposentadoria.

Partindo de nossa experiência em programas de orientação para a aposentadoria em organizações, em várias regiões do Brasil, constatamos ser essa questão o centro da discussão sobre a decisão de aposentar-se ou não. Ou de qual é o melhor momento para deixar o trabalho e passar a receber os proventos da aposentadoria.

Nesse momento, é fundamental refletir sobre a relação estabelecida com o dinheiro ao longo do tempo e no atual momento da vida. Qual é o significado, para cada um, do seu trabalho? Seria a realização pessoal e profissional, poder fazer algo pelo bem comum ou, ainda, ocupar seu tempo? Ou seria a possibilidade de ganhar dinheiro para seu sustento e o de sua família? Qual é a diferença entre o que é desejo e o que é necessidade na lista de gastos pessoais? Que gastos são os mais importantes e imprescindíveis e quais deles podem ser reduzidos ou até cortados?

Um procedimento importante para o controle do equilíbrio financeiro no cotidiano é anotar ganhos e gastos: muitos controlam os gastos "de cabeça" e se nunca anotarem não saberão quanto poderiam melhorar, quanto estão gastando e até que ponto o dinheiro poderia ser remanejado em cada esfera da vida, de modo que tornasse a pessoa mais livre, mais dona de si mesma. Remanejar os gastos pode trazer novas possibilidades, pois quando se configuram como demasiados em determinada área é possível economizar visando ao investimento em outra esfera da vida, por exemplo.

Ao discutir o presente tema com os futuros aposentados, observamos a importância deste tempo para o grupo se dar conta de quanto é fundamental para uma aposentadoria sustentável ter o conhecimento e o controle da vida financeira. E, ainda, poder refletir sobre as relações familiares, as "obrigações financeiras" ainda existentes e a possibilidade de dizer alguns "nãos" — por exemplo, para situações relacionadas com os filhos, ainda dependentes dos pais, quando já deveriam estar vivendo por conta própria.

Considerações finais

Ampliar as questões financeiras no contexto da OPCA tem se tornado cada dia mais necessário. O trabalho foi e ainda é uma senha de identificação do homem contemporâneo. Sua centralidade não é apenas fonte de subsistência dentro da esfera econômica, mas, também, de reconhecimento psíquico (Navarro e Padilha, 2007).

Contudo, seja na forma de trabalho ou emprego, vivemos na chamada "civilização salarial" (Castell, 1998) e o dinheiro é um "direito" dos trabalhadores, assumindo cada vez mais papel preponderante na vida cotidiana e interferindo em todas as relações humanas e sociais.

Assim, consideramos fundamental que em todo trabalho de OPCA seja propiciado um momento no qual o tema da relação com o dinheiro seja debatido e aprofundado. Não podemos fazer escolhas relativas à profissão e ao trabalho sem contemplar o significado do dinheiro que será recebido por meio da realização do trabalho escolhido.

A psicologia traz suas contribuições visando auxiliar as pessoas a refletir sobre os aspectos que interferem nas decisões e no comportamento voltados para as finanças. E, no reflexo desse cenário contemporâneo capitalista, busca entender a dualidade entre o "ser" e o "ter", o que nos remete a um melhor equilíbrio psíquico. Vários especialistas, economistas e consultores financeiros, de outros campos de formação, vêm ressaltando a importância de olhar para as questões emocionais, comportamentais e afetivas na relação das pessoas com suas finanças para que possam, posteriormente, aplicar de fato estratégias que visem a ganhos, gastos, poupança e investimentos.

Essas colocações indicam um nicho de atuação e intervenção que pode ser ocupado por psicólogos e orientadores profissionais. Dessa maneira, transformar os sentidos ligados ao dinheiro de ações "invisíveis" em "visíveis" acaba por culminar com uma maior harmonização na vida pessoal e, consequentemente, nos demais projetos.

Neste capítulo apresentamos alguns questionamentos e mostramos exemplos de intervenções realizadas no Instituto do Ser — Orientação Profissional e de Carreira. Estes são, até o momento, apenas um início de experiência, uma pequena semente plantada, em um segmento que vem nos proporcionando grande satisfação em termos de desempenho profissional, confirmada pelo envolvimento dos participantes e por avaliações de reação até o momento. Porém, temos plena consciência de que se trata de um projeto em construção, que ainda necessita ser estudado, pesquisado e discutido, tendo em vista sua possível representatividade como mais um serviço em nome da orientação profissional — para além da escolha, mais uma possibilidade de importante contribuição aos grupos sociais.

Referências

CAPRILES, A. *Dinheiro: sanidade ou loucura*. São Paulo: AxisMundi, 2005.

CASTELL, R. *As metamorfoses da questão salarial: uma crônica do salário*. 5. ed. Petrópolis: Vozes, 1998.

D'AQUINO, C. *Educação financeira: como educar seus filhos*. Rio de Janeiro: Elsevier, 2008.

FELTON-COLLINS, V. *Casais e dinheiro*. São Paulo: Maltese, 1992.

KIYOSAKI, R.; LECHTER, S. *Pai rico, pai pobre*. Rio de Janeiro: Elsevier, 2000.

LISBOA, M. D. "A formação de orientadores profissionais: um compromisso social multiplicador". In: LISBOA, M. D.; SOARES, D. H. P. (orgs.). *Orientação profissional em ação: formação e prática de orientadores*. São Paulo: Summus, 2017, p. 19-37.

MACEDO JUNIOR, J. S. *A árvore do dinheiro*. São Paulo: Campus, 2007.

MAHL, A. C.; SOARES, D. H. P.; OLIVEIRA NETO, E. de. (orgs.). *Popi — Programa de Orientação Profissional Intensivo, uma nova forma de fazer orientação profissional*. São Paulo: Vetor, 2005.

NAVARRO, V. L.; PADILHA, V. "Dilemas do trabalho no capitalismo contemporâneo". *Psicologia & Sociedade*, v. 19 (especial), 2007, p. 14-20.

POCHMANN, M. "Brasil: segunda grande transformação no trabalho?" *Estudos Avançados*, v. 28, n. 81, 2014, p. 23-38.

PREGARDIER, A. *Educação financeira — Jogos para sala de aula: a abordagem lúdico-vivencial de formação de hábitos*. Porto Alegre: Intus Forma, 2015.

SANTOS, A. R.; CARMO, R. O. *Família, afeto e finanças: como colocar cada vez mais dinheiro e amor em seu lar*. São Paulo: Gente, 2012.

SOARES, D. H. P. *A escolha profissional do jovem ao adulto*. São Paulo: Summus, 2002.

SOARES, D. H. P.; PEDROSO, C.; VERIGUINE, N. R. "Orientação financeira: uma nova possibilidade de atuação para o orientador profissional". *EXTENSIO: Revista Eletrônica de Extensão*, v. 6, n. 8, dez. 2009, p. 132-45.

SOARES-LUCHIARDI, D. H. P. *Pensando e vivendo a orientação profissional*. São Paulo: Summus, 1993.

TOLOTTI, M. *As armadilhas do consumo*. Coleção Expomoney. Rio de Janeiro: Elsevier, 2007.

APÊNDICE

A formação em orientação profissional: uma experiência de 22 anos

Cabe aqui enfocar, de modo mais aprofundado, a origem da presente coleção, concebida como resultado do trabalho com a formação do orientadores profissionais, num período que perdura por 22 anos, realizada pelo Instituto do Ser — Orientação Profissional e de Carreira.

Composto por um grupo de profissionais pesquisadores preocupados com o desenvolvimento do ser humano em sua essência e abrangência, o Instituto do Ser foi fundado em 1993, na cidade de São Paulo. Sua proposta centrou-se no trabalho em psicologia, em especial nas áreas da psicologia clínica e de orientação profissional, buscando propiciar o fortalecimento do ser no sentido de ampliar a consciência de suas potencialidades como autor, construtor e transformador de si e, de acordo com seus desejos e capacidades, contribuindo com a construção do meio social.

Transcorridos 25 anos, o Instituto ampliou seu campo de atuação, em contextos e abordagens, estendendo-se a escolas e organizações públicas e privadas. Em 2011, sua sede foi transferida para Florianópolis (SC).

No ano de 1996, foi dado início ao trabalho com a formação em orientação profissional, quando foi concebido pelas psicólogas e professoras, então mestres, Marilu Diez Lisboa e Dulce Helena Penna Soares o Curso de Formação em Orientação Profissional — *A facilitação da escolha*.

A orientação profissional é uma área do conhecimento que merece estudo aprofundado e específico. O número de teorias que embasam a OP não é pequeno, embora no Brasil haja maior incidência de algumas linhas, tais como as teorias psicodinâmicas e as desenvolvimentistas.

Mesmo diante dessa realidade, tanto no caso da formação em Psicologia quanto em Pedagogia, cursos de nível superior em que a OP faz parte do currículo, a disciplina de OP pode ser opcional. No caso da formação em Psicologia, mesmo não havendo opção pela disciplina, os estudantes têm a possibilidade de realizar estágio supervisionado na área, mas, mesmo assim, são restritas as universidades que proporcionam esse estudo ou prática. Assim, o profissional está habilitado a trabalhar na área, mas não necessariamente capacitado. Nessa medida, torna-se necessária a existência de cursos livres em orientação profissional, que forneçam os subsídios teórico-práticos para quem não fez a opção por OP durante a formação universitária. No entanto, mesmo para quem fez tal opção, é interessante aprofundar conhecimentos ou buscar novos.

Desse modo, o papel dos formadores em orientação profissional se torna de grande importância, pois há de se zelar pela qualificação desses profissionais, pela abrangência e pelo aprofundamento dos conhecimentos na área, assim como pela qualidade da experiência acumulada e pela questão ética, esta que leva à importante pergunta: como uma área do conhecimento específica pode não ser oferecida como formação e, ao mesmo tempo, considerada parte do trabalho de determinados profissionais?

Outra questão a ser observada diz respeito ao grau de importância dado à OP pela sociedade, a começar pelo sistema de ensino no seu papel de formador das novas gerações. Cabe aqui salientar como exemplo que no sistema público de ensino brasileiro nada se realiza em nome da orientação profissional, a não ser de modo pontual e voluntário. Não existem no Brasil políticas que garantam aos estudantes da escola pública uma orientação quanto ao seu futuro, em qualquer das instâncias.

Mais presentemente, também os profissionais de recursos humanos das organizações de trabalho têm-se alertado para a função da OP em consequência dos altos índices de desligamento de funcionários, diante do complexo contexto do mundo do trabalho que os demitidos enfrentarão em busca de novos postos. A questão da empregabilidade está imbricada com a reescolha profissional, colocando assim a OP num lugar de importância no contexto empresarial privado e até mesmo no setor público brasileiro, este que se evidencia cada vez mais como uma escolha pautada somente no quesito segurança em detrimento da realização profissional.

Nesses 22 anos de existência, foram concluídas no Brasil 49 turmas do curso de formação, em nove capitais e uma cidade do interior paulista, e seis turmas em três universidades, uma federal e duas particulares, nos estados de Santa Catarina e Minas Gerais. Somando as duas modalidades de curso, hoje estamos com aproximadamente 920 orientadores profissionais formados.

O Curso de Formação em Orientação Profissional — A *facilitação da escolha* foi firmado com base em quatro pilares:

1. **Formar profissionais com um nível básico de conhecimento sobre as principais teorias da psicologia vocacional, bem como de um número significativo de técnicas que propiciassem a efetivação de um trabalho eficaz com a população.** Fundamentando essa ideia, firmava-se a constatação de que nem sempre os estudantes de Psicologia e Pedagogia saíam da faculdade com o conhecimento mínimo necessário das teorias e técnicas mais atuais em OP e, mesmo que o obtivessem, estavam dissociados como grupo.
2. **Formar profissionais preocupados com a questão do papel social da orientação profissional, até então vista primordialmente como uma prática dirigida a estudantes das classes média, média alta e alta, que escolhem passar por um curso universitário como requisito para o ingresso no mundo do trabalho.** Assim, ao falarmos dos jovens brasileiros, acabamo-nos referindo àqueles que podem estudar e ingressar numa universidade, deixando de lado a grande maioria que necessita ingressar no mundo do trabalho ainda criança ou adolescente.
3. **Formar orientadores profissionais conscientes, críticos e criativos, que possam desenvolver a área de OP tanto no aprofundamento científico quanto na abrangência de sua ação.** Nessa concepção, procura-

mos propor aos alunos orientadores a reflexão sobre propostas e, ao mesmo tempo, incentivar a pesquisa de novos caminhos na orientação profissional, de forma que possam ser agentes transformadores da complexa e problemática realidade que vivemos, no seu papel profissional.

4. **Formar orientadores profissionais comprometidos eticamente com o seu papel profissional,** postura minimamente imprescindível para cumprir com os objetivos já citados.

A realização do Curso de Formação em Orientação Profissional — *A facilitação da escolha* tem demonstrado um efetivo crescimento dos estudantes em relação tanto aos conhecimentos teórico-práticos como ao amadurecimento do papel de orientadores profissionais. Não é raro acompanhar suas trajetórias na busca de um lugar como orientador, ou, ainda, a afirmação como orientador profissional em locais onde já trabalhavam, incrementando a atividade com novas propostas e com elas obtendo êxito.

Também tem chamado a atenção o despertar de muitos em relação à importância social do trabalho em orientação profissional. A ampliação da consciência do papel da OP na sociedade atual, com suas circunstâncias e idiossincrasias, vem obtendo lugar de destaque no curso e no desempenho dos estudantes.

O clima que procuramos cultivar no curso tem propiciado o cultivo frequente de afetos e amizades. Assim, a colaboração e o compartilhar, que tanto julgamos necessários, vão além de relações superficiais e limitadas. É possível sentir o crescimento de relações construtivas, cujo produto fica evidente no decorrer do próprio curso. O desejo de muitos de dar continuidade ao curso demonstra bem esse clima que se imprime nas turmas.

Finalmente, eu não poderia deixar de agradecer aos colegas que têm trabalhado como parceiros nos diferentes locais onde o curso acontece, sem os quais certamente não seria possível seu alcance e sua expansão. Num país de dimensões continentais, sua contribuição é essencial para a efetivação dessa proposta.

Encerrando este Apêndice, citamos os parceiros desde que iniciamos o Curso de Formação em Orientação Profissional e de Carreira, bem como os professores e palestrantes que desenvolveram ou vêm desenvolvendo seu trabalho no curso. A eles o nosso eterno agradecimento.

Parceiros:

Colégio João Paulo II - RS - Psic. Regina Anzolch Crestani
Centro de Integração Empresa e Escola do Paraná - PR
Rita de Cassia Guerra Matias - SP
Casa do Psicólogo - SP
Centro Universitário Municipal de Franca (Unifacef) - Franca - SP
Colégio São Vicente de Paula - RJ
Psic. Marília Lessa - RJ
Sobrado Cultural - RJ
Psic. Hans Muylaert - RJ
Profa. Terezinha de Cássia Andrade Moura - MG
Psic. Ms. Maria Isabel Drummond Oppel Silva - BA

Psic. Ms. Roberta Maria Fernandes Cavalcante - CE
Psic. Anna Kelly Fraxe Tizianel Frota - MA

Professores:

Psic. Ms. Roberta Maria Fernandes Cavalcante - CE
Psic. Ms. Marcília Simeão - CE
Psic. Dra. Tereza Gláucia Matos - CE
Psic. Ms. Andreza Almeida Alves de Oliveira - CE
Psic. Dra. Geruza D'Avila - RJ
Psic. Dra. Cláudia Basso - SC
Psic. Dra. Regina Célia Paulineli Borges - SC
Psic. Ms. Maria Teresa Mandelli - SC
Psic. Ms. Gabriel Feigel - SC
Psic. Anna Kelly Fraxe Tizianel Frota - MA

OS AUTORES

Aline Bogoni Costa

Mestre e doutora em Psicologia pela Universidade Federal de Santa Catarina (UFSC). Docente e pesquisadora do curso de Psicologia da Universidade do Oeste de Santa Catarina (Unoesc). Pesquisadora no Laboratório de Psicologia Positiva nas Organizações e no Trabalho (Lappot/UFSC). Coautora de livros e de artigos na área de orientação profissional.

aline_bogoni@yahoo.com.br

Andréa Paula Mosqueta

Especialista em Psicologia Clínica e Gestalt-Terapia pela Comunidade Gestáltica. Arteterapeuta com base nas abordagens junguiana e análise psico-orgânica pelo Incorpor-Arte. Formada em Psicologia das Doenças Somáticas - enfoque holístico da saúde e doença. Formada em Orientação Profissional pelo Instituto do Ser - Orientação Profissional e de Carreira, em Florianópolis (SC). Atua como psicóloga clínica e arteterapeuta, e como orientadora de carreira.

andreapaula.mosqueta@gmail.com
espaço.drusa@gmail.com

Cláudia Basso

Mestre e doutora em Psicologia pela Universidade Federal de Santa Catarina (UFSC). Formada em Orientação Profissional pelo Instituto do Ser - Orientação Profissional e de Carreira, em Florianópolis (SC). Atua como orientadora profissional e de carreira, orientadora financeira e para os estudos junto a jovens e adultos, e como consultora organizacional, no Instituto do Ser. Docente do Curso de Formação Profissional e de Carreira - *A facilitação da escolha*. Ministra palestras e *workshops* nesta mesma instituição. Docente nas modalidades presencial e EAD, em cursos técnico, superior e pós-graduação *lato sensu*, em IES públicas e privadas. Coautora de livros e de artigos científicos na área de orientação profissional.

claudiabassopsi@hotmail.com
www.instserop.com.br

Dulce Helena Penna Soares

Mestre em Psicologia da Educação pela Universidade Federal do Rio Grande do Sul (UFRGS). Doutora em Psicologia Clínica pela Universidade de Estrasburgo (França). Pós-doutora em Psicologia pela UFRGS. Professora aposentada da Universidade Federal de Santa Catarina (UFSC). Sócia do Instituto do Ser - Orientação Profissional e de Carreira e professora do Curso de Formação em Orientação Profissional e de Carreira - *A facilitação da escolha*. Consultora em programas de orientação para a aposentadoria e orientação financeira junto a organizações de trabalho públicas e privadas. Ministra palestras e *workshops* sobre aposentadoria e orientação financeira em empresas. Presidente (gestão 1997-

-1999), tesoureira (gestão 2001-2003) e atual conselheira da Associação Brasileira de Orientação Profissional (Abop). Autora, organizadora e coautora de livros e artigos científicos na área da orientação profissional.

dulcepennas@gmail.com
www.instserop.com.br

Edite Krawulski

Mestre em Administração e doutora em Engenharia de Produção (Ergonomia) pela Universidade Federal de Santa Catarina (UFSC). Professora aposentada do curso de graduação em Psicologia e do Programa de Pós-Graduação em Psicologia da UFSC, onde ministrou disciplinas na área de Psicologia Organizacional e do Trabalho. Desenvolve pesquisa sobre trabalho docente voluntário e aposentadoria. Coautora de livros e autora e coautora de artigos científicos em psicologia do trabalho e orientação profissional.

editekrawulski@gmail.com

Fernanda Aguillera

Mestre em Educação Especial pela Universidade Federal de São Carlos (SP). Doutora em Psicologia pela Faculdade de Filosofia, Ciências e Letras de Ribeirão Preto, da Universidade de São Paulo (USP). Formada em Orientação Profissional pelo Instituto do Ser - Orientação Profissional e de Carreira, em São Paulo. Atua como professora universitária na graduação e pós-graduação *lato sensu*, em cursos das áreas da saúde e de negócios. Desenvolve pesquisas na interface entre a orientação profissional e de carreira e psicologia organizacional e do trabalho. Coautora de livros e artigos na área de orientação profissional. Membro da Associação Brasileira de Orientação Profissional (Abop).

aguillera@hotmail.com

Maria Teresa Mandelli

Mestre em Psicologia pela Universidade Federal de Santa Catarina (UFSC). Especialista clínica pelo Conselho Federal de Psicologia (CFP). Gestalt-terapeuta pelo Instituto Gestalten. Pós-graduada em Gestalt-terapia pelo Instituto Müller-Granzotto. Docente e supervisora dos cursos de formação desta mesma instituição. Formada em Orientação Profissional pelo Instituto do Ser – Orientação Profissional e de Carreira, em Florianópolis (SC). Docente do Curso de Formação em Orientação Profissional e de Carreira – *A facilitação da escolha*, desta mesma instituição. Atua como psicóloga clínica junto a adolescentes, adultos, famílias e casais, e como orientadora profissional. Coordena grupos de orientação profissional e grupos terapêuticos. Coautora de livros e artigos na área de orientação profissional.

tetemandelli@yahoo.com.br

Maribel Rosa Balardin Lemos

Professora, graduada em Pedagogia pela Universidade do Planalto Catarinense (Uniplac). Mestre em Educação pela Uniplac, com dissertação sobre a trajetória profissional de estudantes egressos da Emeb Mutirão, escola da rede municipal de ensino de Lages (SC). Coordenou grupo de orientação profissional de estudantes de nono ano, durante a realização do mestrado, em projeto de extensão da Uniplac, nesta mesma escola. Atuou como orientadora educacional e gestora auxiliar na rede municipal de ensino de Lages. Atualmente, atua como professora regente de turmas de quinto ano na Emeb Mutirão.

maribellemos@hotmail.com

Marilu Diez Lisboa

Atua como psicóloga clínica e orientadora profissional. Mestre e doutora em Psicologia Social pela Pontifícia Universidade Católica de São Paulo (PUC-SP). Pós-doutora em Sociologia pela Universidade Estadual Paulista Júlio de Mesquita Filho (Unesp) e em Educação pela Universidade Federal de Santa Catarina (UFSC). Fundadora e diretora do Instituto do Ser - Orientação Profissional e de Carreira. Coordenadora e professora do Curso de Formação em Orientação Profissional e de Carreira - *A facilitação da escolha*, do Instituto do Ser. Presidente fundadora (gestão 1993-1995), vice-presidente (gestão 2001-2003) e atual conselheira da Associação Brasileira de Orientação Profissional (Abop). Organizadora e coautora de livros e autora de artigos científicos na área de orientação profissional.

marilu@instserop.com.br
www.instserop.com.br

Miguel Ângelo Tibiriçá Argôlo

Graduado em Mecânica pela Universidade do Estado da Bahia (Uneb). Mestre em Administração Estratégica pela Universidade Salvador (Unifacs). Possui Especialização em Administração de Recursos Humanos pela Universidade Federal da Bahia (UFBA). Formado em Orientação Profissional pelo Instituto do Ser - Orientação Profissional e de Carreira, em Salvador (BA). Atua como orientador profissional e de carreira na

Maxxima Centro de Carreiras. Professor na graduação do Centro Universitário Maurício de Nassau, e na pós-graduação da Unifacs, em ambas ministrando disciplinas voltadas para a orientação e o desenvolvimento de carreira.

miguel@maxxima-ba.com.br

Regina Célia Paulineli Borges

Mestre e doutora em Psicologia pela Universidade Federal de Santa Catarina (UFSC). Formada em Orientação Profissional pelo Instituto do Ser - Orientação Profissional e de Carreira, em Florianópolis (SC). Possui especialização em Administração de Recursos Humanos pela Universidade São Judas Tadeu (USJT-SP) e em Administração Hospitalar pela Fundação Getúlio Vargas (FGV-SP). Atua como orientadora profissional e de carreira, orientadora financeira e para os estudos junto a jovens e adultos, e como consultora organizacional, no Instituto do Ser. Ministra palestras e *workshops* nesta mesma instituição. Docente do Curso de Formação em Orientação Profissional e de Carreira - *A facilitação da escolha*. Coautora de livros e de artigos científicos na área de orientação profissional.

reginacl@uol.com.br
www.instserop.com.br

www.gruposummus.com.br

IMPRESSO NA
GRÁFICA sumago
sumago gráfica editorial ltda
rua itauna, 789 vila maria
02111-031 são paulo sp
tel e fax 11 2955 5636
sumago@sumago.com.br